Historischer Verein für Niedersachsen

Nachricht über den Historischen Verein für Niedersachsen

Historischer Verein für Niedersachsen

Nachricht über den Historischen Verein für Niedersachsen

ISBN/EAN: 9783742892065

Hergestellt in Europa, USA, Kanada, Australien, Japan

Cover: Foto ©ninafisch / pixelio.de

Manufactured and distributed by brebook publishing software (www.brebook.com)

Historischer Verein für Niedersachsen

Nachricht über den Historischen Verein für Niedersachsen

Neunundzwanzigste Nachricht

über den

historischen Verein

für

Niedersachsen.

Hannover.
Druck von Ph. C. Göhmann.
1866.

Nachstehender Geschäftsbericht wurde in der statutenmäßigen Generalversammlung am 12. Mai 1866, nachdem dieselbe durch den Herrn Vereinsdirector Obergerichtsdirector von Werlhof eröffnet worden war, von dem Vereinssecretär verlesen. Nachdem darauf eine Commission zur Prüfung der Vereinsrechnung aus dem Jahre 1865, bestehend aus den Herren Senior Bödeker, Obercommissär Koken und Oberrevisor Bartels, gewählt worden war, hielten die Herren Stadtsecretär Jugler und Dr. Pfannenschmid Vorträge über „die Geschichte der geselligen Verhältnisse, insbesondere der Familienfeste in der Stadt Hannover", bezw. „die Erntegebräuche in Niedersachsen."

Der Ausschuß des historischen Vereins für Niedersachsen.

I.

Geschäftsbericht

des

Ausschusses des historischen Vereins für Niedersachsen
über das Jahr 1865.

Wie in den Vorjahren freut sich auch dieses Mal der Geschäftsführende Ausschuß des historischen Vereins, seinen nachfolgenden Bericht über seine Thätigkeit im Jahre 1865 mit dem unterthänigsten Danke gegen seinen erhabenen Protector, Se. Majestät den König, beginnen zu können, der im abgelaufenen Jahre sich, wie weiter unten näher berichtet werden wird, dem Vereine besonders gnädig bewiesen hat.

Auch haben wir den sämmtlichen Behörden, mit denen wir geschäftlich zu verkehren Gelegenheit hatten, für ihre Bereitwilligkeit, die Vereinszwecke zu fördern, unsern verbindlichsten Dank zu sagen. Außer dem Königl. Cultusministerium, welches uns mit einer Beihülfe von 350 ₰ erfreut hat, haben wir hier besonders das Königl. Universitäts-Curatorium und die Commission für das Welfenmuseum zu nennen. In wie weit sich eine jede dieser Behörden Verdienste um den Verein erworben hat, wird aus dem nachfolgenden Berichte und dem Geschenkverzeichnisse erhellen.

Finanzlage. Die Finanzen des historischen Vereins, welche eine Reihe von Jahren hindurch mit Recht als sehr günstig bezeichnet werden konnten, befinden sich, wie das bereits in der letzten Nachricht hervorgehoben werden mußte, leider in einem steten Rückschritte. Den vielfachen Ansprüchen, welche an die Vereinscasse durch erhöhte Miethszahlungen, größere Remunerationen und Ausgaben für größere Publicationen gemacht werden, stehen nicht größere Einnahmen gegenüber; ja durch allmähliches Herabgehen der Mitgliederzahl werden die regelmäßigen Zuflüsse der Casse sogar geringer. Während die vorige Rechnung noch mit einem Ueberschusse von 202 ℳ 6 ₰ abschloß, betrug derselbe am 1. Januar des laufenden Jahres nur noch 166 ℳ 2 gr 4 ₰, und wenn auch die Gesammteinnahme des Berichtjahres sich auf 1590 ℳ 19 gr 1 ₰ beziffert, die Gesammtausgabe dagegen auf nur 1424 ℳ 16 gr 7 ₰, so haben doch die Ausgaben die laufenden Einnahmen um 35 ℳ 28 gr 2 ₰ überschritten. Dabei stehen dem Vereine einerseits erhebliche nothwendige Ausgaben bevor, andrerseits bieten sich mehrfache für denselben durchaus geeignete Aufgaben dar, an deren Lösung jedoch aus Mangel an Mitteln nur in sehr beschränktem Maße gedacht werden kann. Dieses Mißverhältniß gab dem Ausschuß schon im verflossenen Sommer Veranlassung, sich mit dem Ersuchen um dauernde Erhöhung des bisher regierungsseitig gewährten Zuschusses an Königl. Cultusministerium zu wenden; da diesem selbst aber die zu diesem Zwecke verfügbaren Mittel nur sehr kärglich zugemessen sind, war der Erfolg ein ungünstiger. Der Ausschuß hat in Folge dessen in Verbindung mit den Vorständen der Naturhistorischen Gesellschaft, des Architekten- und Ingenieur-Vereins und des Vereins für die öffentliche Kunstsammlung, — Gesellschaften, deren Finanzlage nicht besser, zum Theil schlechter ist, als die unsrige — in einer am 14. März d. J. huldvollst gewährten Audienz durch im Ganzen 11 Vertreter die Sachlage Sr. Majestät dem Könige vorgetragen, und die allergnädigste Zusicherung erhalten, daß, sobald es die Lage des Staatsbudgets gestatte, hoffentlich schon im Jahre 1870, eine angemessene, den finanziellen Kräften des Königreichs entsprechende Summe zur

Unterſtützung der Vereine für Kunſt und Wiſſenſchaft im ganzen Lande in daſſelbe aufgenommen werden ſolle. Wie ungenügend die bislang aus Staatsmitteln für dieſen Zweck verwandte Summe von 1800 ℳ iſt, erhellt namentlich aus einer auf Veranlaſſung der genannten Vereine von einem Vorſtandsmitgliede verfaßten Druckſchrift („Das Staatsbudget und das Bedürfniß der Vereine für Kunſt und Wiſſenſchaft." Hannover 1866. 4.*), in welcher neben den bisherigen Leiſtungen der Vereine im Königreiche namentlich auf actenmäßiger Grundlage dargeſtellt iſt, wie viel in Oeſterreich, Preußen, Baiern, Sachſen, Würtemberg, England, Frankreich und Belgien jährlich für Kunſt und Wiſſenſchaft aus Staatsmitteln verausgabt wird. Es iſt ſomit alſo ſichere Ausſicht vorhanden, daß in nicht zu langer Friſt dem gegenwärtigen Zuſtande ein Ende gemacht werde.

Die Vereinsrechnung für das Jahr 1864 wurde von den Herren Senior Bödeker, Obercommiſſär Koken und Oberreviſor Bartels geprüft, und auf deren Anheimgabe nach Erledigung einiger Monita dem Herrn Schatzmeiſter Decharge ertheilt.

Die Zahl der wirklichen Mitglieder, welche am 1. Januar 1865 419 betrug, hat im Berichtsjahre erheblich abgenommen, indem durch Tod 10, durch Kündigung 18 ausgeſchieden ſind; dahingegen ſind nur 10 Mitglieder zugetreten, ſo daß im sub Nr. II angehängten Verzeichniſſe nur 401 aufgeführt werden können. Angeſichts dieſer, leider ziemlich ſtetigen, Abnahme der Mitgliederzahl wollen wir nicht unterlaſſen, alle unſere Mitglieder auf das angelegentlichſte zu erſuchen, in ihren Kreiſen geeignete Perſonen zum Eintritt in den Verein aufzufordern, da ja die Thätigkeit des Ausſchuſſes in dieſer Beziehung nur eine beſchränkte ſein kann. *Wirkliche Mitglieder.*

Leider haben wir den Tod zweier hochverdienter correſpondirender Mitglieder, deren Namen unſerm Vereine zur Zierde gereichten, zu beklagen. In Hamburg verſtarb der Archivar *Correſpondirende Mitglieder.*

---

*) Dieſe Schrift wird den Mitgliedern beim Vereine zum Preiſe von 7½ gr abgelaſſen; der Ladenpreis iſt beträchtlich höher.

Dr. Lappenberg, und in Leipzig der Nestor der deutschen Historiker, Geh. Hofrath Dr. Wachsmuth, letzterer uns um so näher verbunden, als er nach langjähriger reicher Thätigkeit auf den verschiedensten Gebieten der historischen Wissenschaft in den letzten Jahren seines Lebens mit Vorliebe niedersächsische Stoffe bearbeitet hat. Die Zahl der correspondirenden Mitglieder ist darnach auf 44 gesunken.

Ausschuß-Mitglieder. Auch die Zahl unserer Ausschußmitglieder ist geringer geworden, zu unserer Freude aber ist nicht der Tod die Veranlassung gewesen. Die Herren Staatsminister von Hammerstein Exc., Geh. Legationsrath von Alten und Dr. phil. Bärens haben durch ihre Uebersiedelung nach Osnabrück, bezw. St. Petersburg und Kiel leider aufhören müssen, regelmäßig an unseren Sitzungen Theil zu nehmen, haben aber das Interesse für unsern Verein mit an ihren neuen Wohnsitz genommen, wie denn namentlich Herr von Hammerstein von Osnabrück aus für eine weiter unten näher zu berührende Vereinsangelegenheit auf das wirksamste thätig ist. Diesem Ausfall an Kräften gegenüber war es für uns sehr erfreulich, in der Person des Herrn Stadtsecretär Jugler und des Herrn Generallieutenant von Rambohr Exc. neue Ausschußmitglieder zu gewinnen.

Beamte. Als Beamte wirken gegenwärtig, wie in den Vorjahren, folgende Herren:

als 1) Director: Obergerichtspräsident von Werlhof;
  Stellvertreter: Geheimer Regierungsrath a. D. von Ompteda;
2) Secretär und Bibliothekar: Oberlehrer Dr. A. Müller;
3) Conservatoren: Archivrath Dr. Grotefend und Studienrath Dr. J. Müller;
4) Archivar: Amtsrichter Fiedeler;
5) Schatzmeister: Oberschulsecretär Dr. Peterßen.

Sammlungen. Ueber die Vereinssammlungen haben wir sodann Folgendes zu berichten:

Bibliothek. Die Bibliothek, wie bisher den Mitgliedern jeden Montag und Donnerstag von 12 bis 2 Uhr geöffnet, hat auf gleiche Weise wie früher theils durch Ankauf, theils durch Eintausch gegen Vereinspublicationen, sowie durch die aus dem Schriftentausch mit den verbundenen gelehrten Gesellschaften erworbenen Werke, durch die vom **historischen Lesecirkel** angeschafften Bücher und durch zahlreiche Geschenke einen nicht unbedeutenden Zuwachs erhalten. Als einige der bedeutendsten Geschenke mögen bereits hier hervorgehoben werden: Von **Sr. Majestät dem Könige**: Die Werke von Leibniz, herausgegeben von O. Klopp, I. Reihe, 3. und 4. Band. Hannover 1865; Oeuvres de Leibniz, publ. par *Foucher de Careil*, T. VI. Paris 1865. Vom **Königl. Cultusministerium**: Sudendorf Urkundenbuch Theil V. Hann. 1865. Vom **Königl. Universitätscuratorium**: Eine große Anzahl Göttinger Universitätsschriften und Doctordissertationen.

Sodann den von Herrn Hülfsbibliothekar **Schlette** angefertigten Katalog der Vereinsbibliothek anlangend, können wir zu unserer Freude berichten, daß der Druck desselben soweit vorgeschritten ist, daß das ziemlich starke Heft wahrscheinlich mit dem diesjährigen Bande der Vereinszeitschrift den geehrten Mitgliedern wird zugesandt werden können. Ueber die Vortheile der systematischen Anordnung desselben haben wir uns bereits in der 27. Nachricht S. 8 ausgesprochen, und fügen hier nur hinzu, daß noch durch ein zugegebenes alphabetisches Verzeichniß der Verfasser das Auffinden der Bücher, wenn auch nur der Verfasser bekannt ist, leicht gemacht worden ist.

Der oben erwähnte **historische Lesecirkel** ist mit der Bibliothek in der bisherigen Verbindung geblieben, wonach in ihm außer den für diese bestimmten, aus den Mitteln des Vereins oder des Lesecirkels selbst angeschafften, neuen Werken insbesondere die Zusendungen der mit unserm Vereine durch Schriftentausch verbundenen gelehrten Gesellschaften umlaufen. Er ist den in hiesiger Stadt und in deren näheren Umgegend ansäßigen Vereinsmitgliedern gegen einen jährlichen Beitrag von 1 ℳ zugängig und zählte am Schluß des Berichtsjahres 33 Mitglieder. Ein Auszug aus der Rechnung desselben ist als Anlage B. angeschlossen.

Historischer Lesecirkel.

Urkunden- und Manuscripten-Sammlung. Unsere Urkunden- und Manuscriptensammlung ist im Berichtsjahre theils durch die weiter unten einzeln aufgeführten interessanten Geschenke, theils durch Eintausch gegen Vereinspublicationen vermehrt worden.

Sammlung der Alterthümer c. c. Die Sammlungen des Vereins von Alterthümern der vorchristlichen Zeit waren im verflossenen Jahre gemeinschaftlich mit der öffentlichen Kunstsammlung, sowie mit der naturhistorischen und ethnographischen Sammlung Sonntags von 12 bis 2 Uhr und Mittwochs von 2 bis 4 Uhr dem Publikum so lange unentgeltlich geöffnet, als die Witterung den Aufenthalt in den nicht heizbaren Räumen gestattete. Die Sammlungen wurden ebenfalls täglich von 10 bis 1 Uhr gegen ein Eintrittsgeld von 5 gr geöffnet und von einer erheblichen Anzahl von Personen besucht. Aus dem Erlös für die Eintrittskarten ist unserer Casse eine Einnahme von fast 28 ℳ erwachsen. Für die auswärtigen Vereinsmitglieder möge hier aus der betreffenden Bemerkung des letzten Berichts wiederholt werden, daß solche außer den oben angeführten öffentlichen Stunden noch in den Bibliothekstunden, Montags und Donnerstags von 12 bis 2 Uhr, zu den Sammlungen freien Zutritt haben, daß aber eine weitere Ausdehnung dieser Befugniß nicht in den Händen des Ausschusses liegt.

Was die diesjährige Vermehrung der Sammlung von Alterthümern betrifft, so sind von den 705 Gegenständen, die hinzugekommen sind, 633 geschenkte, 3 angekaufte und 69 deponirte Stücke, die sich auf die einzelnen Kategorien folgendermaßen vertheilen:

1. Römische Alterthümer 10
2. Deutsche Alterthümer aus der vorchristlichen Zeit 153
3. Gegenstände aus dem Mittelalter und der neueren Zeit 15
4. Münzen und Medaillen 157
5. Siegelabdrücke 370
   ____
   705

Die angekauften Gegenstände bestehen in drei altgermanischen Bronzebeilen, welche bei Ülzen gefunden sein sollen. Zu weiteren Ankäufen bot sich keine Gelegenheit.

Dagegen hat auch dieses Jahr die Commission für das Königliche Welfen-Museum die dieser Anstalt zugegangenen vorchristlichen Alterthümer mit Vorbehalt des Königlichen Eigenthums zur ferneren Aufbewahrung unserem Vereine überwiesen. Durch diese sehr dankenswerthe Förderung sind unseren Sammlungen die folgenden theilweise höchst interessanten Gegenstände eingereiht:

Zwei Steinkeile, gefunden bei Brinkum, 2 desgl. aus Logabirum, 1 desgl. aus Loga, 1 desgl. aus Veenhusen, ein Steinhammer aus Loga und ein Kornquetscher aus Warsingsfehn; eine große Anzahl Buckeln von Bronze, gefunden auf dem Gute Dötzingen; ein Steinhammer, gefunden in Lohne bei Lingen, und ein anderer, gefunden bei Uslar; 5 Feuersteinkeile, ein vortrefflich gearbeiteter und verzierter Steinhammer und ein einfacher desgl., sämmtlich gefunden in der Umgegend von Lehe; 3 Steinhämmer, gefunden bei Glansdorf und Dorenborg; 2 Bruchstücke von Lanzenspitzen von Bronze und eine Pfeilspitze von Feuerstein, gefunden bei Großwolde; 2 Urnen mit Knochenresten, ein Steinhammer und ein Feuersteinbeil, gefunden bei Lehe; 2 große und ein kleines Thongefäß, gefunden in Ostfriesland; 4 Thongefäße, Thonkoralle, Röhrenknochen als Flöte (?), 6 Steinäxte, 8 Steinkeile, Lanzenspitze, Dolch, Messer von Feuerstein, Schwert von Bronze (vortrefflich erhalten), Bruchstücke eines solchen, 5 Celte von Bronze, Diadem desgl., vier Armringe, Haarnadel, Pincette und ein römischer Schwertbeschlag, sämmtlich desgl., meistens im Stadeschen gefunden.

Unter den Geschenken ist wiederum, wie in den Vorjahren, das Geschenk des Hofbuchhändlers Herrn Dr. F. Hahn hervorzuheben, ferner des Herrn Domänenpächters Wiegrebe zu Schäferhof, des Herrn Actuar Böge zu Beverstedt, des Herrn Antikenhändlers Seelig hieselbst und des Herrn Hofbesitzers Pflug zu Rehlingen. Auch das langjährige Mitglied unseres Vereins, Herr Archivrath Masch, Pastor zu Demern in Mecklenburg, hat seine fortwährende Theilnahme an unsern Bestrebungen durch das Geschenk eines Mahlsteins und dazu gehörigen Kornquetschers bekundet. Über alle diese und die übrigen schätzbaren Geschenke giebt das nachstehende Verzeichniß die nähere Auskunft. Im Ganzen zeigt auch dies Jahr die Abtheilung der heidnischen Alterthümer im Verhältniß zum vorigen Jahre eine Zunahme der Geschenke, dagegen ist der Ausfall an mittelalterlichen Gegenständen noch bedeutender als früher, nämlich nur 15 Nummern gegen 176 des vorhergehenden Jahres, ein Umstand, der seinen Grund in den bereits in der Nachricht über das Jahr 1862 angedeuteten Verhältnissen findet.

Indem wir leider auch für dies Mal noch nicht in der Lage sind, die verheißene genauere Uebersicht über die von Königlichem Ministerium des Innern dem Königlichen Welfen-Museum und unserm Vereine gemeinschaftlich geschenkte Bergmann'sche Siegel-, Wappen- und Autographensammlung zu geben, da die Ordnung derselben durch mancherlei Verhältnisse leider bis jetzt sich verzögert hat, so lassen wir hiemit zunächst das specificirte Verzeichniß sämmtlicher in dem verflossenen Jahre eingegangenen Geschenke folgen:

1. Römische Alterthümer.

Vom Herrn Hofbuchhändler Dr. F. Hahn hieselbst:
    Acht Glaskorallen aus einem römischen Grabe bei Andernach.

Vom Herrn Gendarmerie-Wachtmeister Tott in Lemförde:
    Silbermünze des Kaisers Domitian.

2. Deutsche Alterthümer aus der vorchristlichen Zeit.

Vom Herrn Obergerichtsrath Dommes hieselbst:
    Sichel von Bronze, gefunden bei Bösel Amts Lüchow.

Vom Herrn Kammerherrn C. v. Estorff, zur Zeit in Interlaken:
    3 altgermanische Bronzesicheln aus dem Funde bei Bösel.

Vom Herrn Wirthschaftsinspector Grotefend in Gurnen in Ostpreußen:
    Speerspitze von Feuerstein.

Vom Herrn Hofbuchhändler Dr. F. Hahn hieselbst:
    Celt von Bronze, schön verziert, gefunden in der Gegend von Peine; zwei Celte, gefunden im Hämeler Wald;

ein Celt, gefunden in der Gegend von Ülzen, und ein sehr starker Celt aus derselben Gegend; ein großer durchbohrter Steinkeil (Axt), an der einen Seite polirt, aus der Umgegend von Nienburg, ein desgleichen von Serpentin aus dem Hämeler Wald, ein desgleichen aus der Gegend von Celle; ein Knopf, zwei Buckeln und ein Fragment einer Hafte aus der Pyrmonter Quelle.

Vom Herrn Johann Ernst Ludwig Lührs zu Hellingst:
Eine eigenthümlich geformte Steinwaffe (Doppelaxt).

Vom Herrn Archivrath Pastor Masch in Demern:
Eine vorchristliche Handmühle mit Kornquetscher, gefunden in Mecklenburg.

Vom Herrn Hofbesitzer Pflug in Rehlingen:
Zwei Lanzenspitzen, eine Pincette, zwei Ohrlöffel, ein Dolch, ein großer Nadelknopf, zwei Nadeln von Bronze, gefunden bei Rehlingen.

Vom Herrn Colon Ratermann zu Thüne:
Vier Steinkeile, einer bei Deventer in Holland, drei bei Thüne Amts Freren gefunden.

Vom Herrn Pastor Rohde in Salzdahlum:
Altgermanisches Thongefäß, gefunden bei Salzdahlum.

Vom Herrn Antikenhändler S. Seelig hieselbst:
Vier große und dreizehn kleinere vorchristliche Thongefäße, ferner sechs vorchristliche Bronzeringe, wahrscheinlich zu einem Brustpanzer gehörend.

Vom Herrn Actuar Böge zu Beverstedt:
Ein kleines Messer von Bronze und Bronze- und Knochenfragmente, gefunden in einem Hügelgrabe bei Hellingst; Feuersteinkeil, roh, gefunden bei Westdorf; Bruchstück eines solchen, gefunden bei Köhlen; neun Feuersteine mit Spuren von Bearbeitung, gefunden bei Beverstedt; mehrere Eisensteine aus einem jetzt größtentheils verschütteten Lager am Wege von Beverstedt nach Wellen.

Vom Herrn Wilhelm Wallbrecht in Ülzen:
Ein Dolch von Bronze, gefunden in einem Hünengrabe bei Fallingbostel.

Vom Herrn Domainenpächter Wiegrebe zu Schäferhof:
>Gefäß von hellgelbem Thon, leicht gebrannt, mit Reifen verziert; zwei Pfeilspitzen, ein Messer von Feuerstein, Bruchstück von einer Dolchklinge, Ring und Nadel, Bronze- und Kohlenfragmente.

Vom Herrn Gymnasialdirector Professor Dr. Wiggert in Magdeburg:
>Altgermanische Netznadel von Knochen, gefunden an der Elbe.

3. Gegenstände aus dem Mittelalter und der neueren Zeit.

Vom Herrn Bildhauer E. v. Bandel hieselbst:
>Marmorbüste von Jerome, König von Westphalen.

Vom Herrn Joh. Ernst Ludw. Lührs zu Hellingst:
>Hufeisen, gefunden zu Hellingst.

Vom Herrn Landrath Drost v. Münchhausen in Fallersleben:
>Figur von gebranntem Thon, gefunden bei Stelfelde Amts Fallersleben.

Vom Herrn Maler Oelten hieselbst:
>Kopf eines Fürsten von Messing. 17. Jahrhdrt.

Vom Herrn Colon Ratermann zu Thüne:
>Zwei sog. Snippelsteine.

Vom Herrn Actuar Böge in Beverstedt:
>Eine größere und eine kleinere Steinkugel.

Von den Erben des weil. Oberlandbaumeisters Vogell hieselbst:
>Alte eiserne Axt, ein Dolch aus dem 16. Jahrhundert, galvanoplastische Copie eines italienischen Medaillons, ein kleineres bemaltes Anhängsel (Herz und zwei verschlungene Hände), Bruchstück eines russischen Diptychon, Schelle von Bronze.

4. Münzen und Medaillen.

Vom Herrn Hof-Juwelier Buckmann hieselbst:
>Hildesheim'sches Gulden- und Viertelguldenstück, 1693 und 1694.

Vom Herrn Kaufmann Daniel hieselbst:
: Silbermünze des Königs Friedrich IV. von Dänemark, 1704. Vier Silbermünzen von Braunschweig-Lüneburg, Brandenburg, Hessen und Paderborn und eine Würzburg'sche Kupfermünze.

Vom Herrn Kaufmann Dolberg hieselbst:
: Vierschillingsstück von Schleswig-Holstein, 1712.

Vom Herrn Agent Frank hieselbst:
: 13 Bleimedaillen aus dem 17. und 18. Jahrhundert.

Vom Herrn Porcellanmaler Greiner hieselbst:
: Zwei Mariengroschenstücke des Herzogs Friedrich Ulrich von Braunschweig-Lüneburg, 1633.

Vom Herrn Cantor Grünewald in Seelze:
: Bruchstücke eines mittelalterlichen Topfes von weißem gebrannten Thon, nebst drei Bracteaten der Stadt Lüneburg, gefunden in der Nähe des rothen Thors zu Lüneburg.

Vom Herrn L. Hasselhorst in Celle:
: Schleswig-Holstein'sche Silbermünze, 16. Jahrhundert.

Vom Herrn Oberlehrer Dr. A. Müller hieselbst:
: Bronzemedaille auf Salomon Heine, 1841.

Vom Herrn Studienrath Dr. Müller hieselbst:
: 20 mittelalterliche Silbermünzen; Kupfermedaille auf die Gewerbe-Ausstellung in Düsseldorf, 1852; Nürnberger Kupferjeton, 16. Jahrhundert; zwei Silbermünzen von Sachsen 1803 und Bremen 1764.

Vom Herrn Amtsvoigt Nieberg in Glandorf:
: 2 Kupfermünzen der Stadt Osnabrück v. J. 1623; Wismar'sche Stadtmünze v. J. 1845.

Vom Herrn Maler Oeltzen hieselbst:
: Bronzemedaille auf die 50jährige Jubelfeier der Freimaurer-Loge in Hildesheim.

Vom Herrn Kaufmann Oltrogge hieselbst:
: Bronzemedaille auf Salomon Heine, 1841.

Vom Herrn Ober-Commissair Thiemann hieselbst:
: Zehn Silbermünzen von Herzögen von Braunschweig-Lüneburg, der Städte Einbeck und Hildesheim ꝛc.

Von einem Ungenannten:
    86 Gypsabgüsse von modernen Münzen und Medaillen, 17. und 18. Jahrhundert.

Von einem Ungenannten:
    Bronzemedaille mit der Inschrift:
        Königlich-Deutsche Legion.
        Tapfer und Treu.
    Auf der Rückseite: Kreuz mit dem gekrönten Namenszuge Ernst August's.

Von Seiner Excellenz wirklichem Staatsrath von Weiße in Petersburg:
    Russische Münze von Platina, 1704.

5. Petschafte und Siegelabdrücke.

Vom Herrn Antiquar Flügge hieselbst:
    3 Abdrücke von Petschaften des Stifts Wunstorf.

Vom Herrn Studienrath Dr. Müller hieselbst:
    121 neuere Siegelabdrücke; sechs Abdrücke von mittelalterlichen Petschaften.

Vom Herrn Ober-Commissair Thiemann hieselbst:
    Siegel des Convents des Klosters Hilwardshausen.

Von einem Ungenannten:
    Abdruck des Siegels der Kalandbrüderschaft zu Celle, und der Stadt Kopenhagen.

Von einem Ungenannten:
    Abdruck des Petschafts Hermanns v. Plesse, 13. Jahrhundert, und des Johanniscapitels in Hildesheim, 17. Jahrhundert.

Von einem Ungenannten:
    231 neuere Siegelabdrücke von Behörden und Kirchen.

Von einem Ungenannten:
    Abdruck eines unbekannten mittelalterlichen Petschafts, 13. Jahrhundert. Siegellack.

Von einem Ungenannten:
    Gypsabguß von dem Siegel des St. Petercapitels in Weißenburg, 13. Jahrhundert.

Von den Erben des weiland Ober-Landbaumeister Vogell hieselbst:

Petschaft aus dem 15. Jahrhundert, Siegel des Klosters Heiligenberg bei Hoya.

6. Urkunden.

Vom Herrn Magazin-Verwalter Beulke hieselbst (durch Vermittelung des Herrn Ober-Revisors Harseim):

2 Pergament-Urkunden, nämlich:
1) Schuldverschreibung des Klosters Reuwerk zu Goslar für den Bürger Heinrich von Severthusen daselbst über 5 Mark Silber de 1372.
2) Lehnbrief des römischen Kaisers Joseph II. für den Rath zu Goslar wegen eines Hauses zu Goslar de 1767.

Von dem hiesigen Brauergilde-Collegium (durch Vermittelung des Herrn Ober-Revisors Harseim):

Probe-Register des Brauergilde-Collegiums hieselbst de 1614 ff. (ein gebundenes Manuscript in Fol.).

Vom Herrn Dr. phil. Fritz Hahn hieselbst:

Urkunde der Gebrüder von Bersleben über den Verkauf von Grundstücken zu Hohenhameln an das Johannis-Hospital auf dem Damme vor Hildesheim de 1305.

Vom Herrn Kaufmann L. Möller zu Hildesheim:
1) Urkunde des Johann Hanne zu Bremen über den Verkauf von Grundstücken bei dem Hohenwedel an den Pastor Bartels zu St. Willehadi in Stade de 1635.
2) Ein v. d. Decken'scher Kaufcontract, betreffend Grundstücke hinter dem Hohenwedel de 1638.
3) Kaufbrief der Bartels'schen Erben über Grundstücke hinter dem Hohenwedel de 1696.

7. Bücher.

Von Seiner Majestät dem Könige:

5768. Die Werke von Leibniz gemäß seinem handschriftlichen Nachlasse in der Königl. Bibliothek zu Hannover. Herausgegeben von O. Klopp. I. Reihe. Historisch-politische und staatswissenschaftliche Schriften. 3. 4. Bd. Hannover 1865. 8.

4965. Oeuvres de Leibniz. Publ. par A. Foucher de Careil. T. VI. Histoire et Politique. Paris 1865. 8.

Vom Königl. Cultus-Ministerium:

4975. Sudendorf, H., Urkundenbuch zur Geschichte der Herzöge von Braunschweig und Lüneburg und ihrer Lande. V. Th. 1374—81. Hannover 1865. 4.

Vom Königl. Universitäts-Curatorium in Göttingen:

5980. Hannemüller, B., Quaestionum Euripidearum Spec. 1. Gottingae 1864. 8.
5980. Lorey, F., De vocalibus irrationaliter enunciandis apud poetas dactylicos latinorum. Gotting. 1864. 8.
5980. Philippi, A., Quaestionum Aristarchiarum Spec. 1. Gotting 1865. 8.
5980. Schneidewin, Max., Disquisitionum philosopharum de Platonis Theaeteti parte priori spec. Gott. 1865. 8.
5980. Ebeling, H., Codicis Lagomarsiniani noni quae sit auctoritas in oratt. Tullianis de lege agraria recensendis. Brunsvigae 1863. 8.
5980. Freudenthal, J., Über den Begriff des Wortes Φαντασία bei Aristoteles. Göttingen 1863. 8.
5980. Zernial, Unico, Selecta quaedam capita ex genitivi usu Taciteo. Gotting. 1864. 8.
5980. Hentze, C., De pronominum relativ. linguae Graecae origine atque usu Homerico. Gotting. 1863. 8.
5980. Menge, H., De praepositionum usu apud Aeschylum. Spec. primum. Gotting. 1863. 8.
5981. Weiland, L., Entwickelung des sächsischen Herzogthums unter Lothar und Heinrich dem Löwen. 1. Th. bis zum Tode Lothars. Götting. 1864. 8.

5981. Knochenhauer, Th., Geschichte Thüringens in der Karolingischen und Sächsischen Zeit. 1. Abth. Gotha 1863. 8.
5981. Reuß, R., Graf Ernst von Mansfeld im böhmischen Kriege 1618—21. Braunschw. 1865. 8.
5981. Hildebrand, H., Die Chronik Heinrichs von Lettland. 1. Berl. 1865. 8.
5981. Steinhoff, Fr., Das Königthum und Kaiserthum Heinrichs III. Gött. 1865. 8.
5981. Ulmann, H., Gottfried von Viterbo. Beitrag zur Historiographie des Mittelalters. Götting. 1863. 8.
5982. Kaufmann, G., Die Werke des Cajus Sollius Apollinaris Sidonius eine Quelle für die Geschichte seiner Zeit. Gött. 1864. 8.
5982. Dittenberger, W., De Ephebis Atticis. Gottingae 1863. 8.
5982. Curtius, C., De Actorum publicorum cura apud Graecos. Cap. 1. De Foederibus. Gotting. 1865. 8.
5983. Roloff, Fr., Über den Instinkt der Thiere und dessen Bedeutung für die Diätetik. Halle 1865. 8.
5983. Spring, Ch., On the essence and immortality of the soul. London o. J. 8.
5983. Spickernell, G. E., Inaugur. diss. on the question: „Whether a public or private education is preferable?" London o. J. 8.
5983. Rowton, S. J., Inaug. diss. on the inseparable cooperation of sense and intellect for arriving of Cognitions. Lond. 1864. 8.
5983. Stevens, Ch. J., An Essay on the theory of Music. Göttingen 1863. 8.
5984. Sommer, H., De doctrina quam de harmonia rerum praestabilita Leibnizius proposuit. Gott. 1864. 4.
5985. Fraatz, O., De linguae Syriacae recentissimae indole et structura cum antiquiore comparatis. Gotting. 1863. 4.

5985. Luettge, A., De Polybii elocutione. Nordhusae 1863. 4.
5987. Köhler, A., Über den syntaktischen Gebrauch des Dativs im Gothischen. Dresden 1864. 8.
5988. Caspary, O., Die Sprache als psychischer Entwicklungsgrund. Gött. 1864. 8.
5989. Hertzer, H., Projectivische Beziehungen einer besonderen Art. Berl. 1865. 8.
5990. Schaaf, A., Analyse der Schwefelquellen des Badeorts Eilsen. Gött. 1863. 8.
5991. Binding, C., De natura inquisitionis processus criminalis Romanor. Heidelb. 1864. 8.
5992. Sauppius, H., Commentatio de creatione archontum (Prorektorats-Programm). Gott. 1864. 4.
5993. 4 Akademische Festreden aus den Jahren 1863—65. Gött. 4.

Von der Königl. Gesellschaft der Wissenschaften in Göttingen:

Göttingische gelehrte Anzeigen nebst Nachrichten, 1864. Götting. 1865. 8.

Vom Oberlausitzer Alterthums-Museum in Bautzen:
5910. Roesger, Osk., Oberlausitzer Alterthums-Museum zu Bautzen. Bautzen (1855). 8.

Von der Abtheilung des Künstlervereins für Bremische Geschichte und Alterthümer in Bremen:
5873. Kohlmann, J. M., Beiträge zur Brem. Kirchengeschichte. 1—4. Heft. Brem. 1844—52. 8.
5908. Schumacher, H. A., Die Stedinger. Beitrag zur Geschichte der Wesermarschen. Brem. 1865. 8.

Vom Vereine für Geschichte und Alterthum Schlesiens in Breslau:
4530. Codex diplom. Silesiae. VI. Bd. Bresl. 1865. 4.
5885. Acta publica. Verhandlungen und Correspondenzen der schles. Fürsten und Stände. Jahrg. 1618. Herausgeg. von H: Palm. Bresl. 1865. 4.

Von der Commission royale d'histoire in
  Brüssel:
5853. Gachard, M., Don Carlos et Philippe II. 2 Bde.
  Brux. 1863. 8.
5911. Galesloot, L., Le livre des feudataires de
  Jean III., duc de Brabant. Brux. 1865. 8.
Von der Gelehrten Estnischen Gesellschaft in
  Dorpat:
5874. Körber, B., Biostatik der 2c. Kirchspiele Ringen 2c.
  in den Jahren 1834—59. Dorpat 1864. 4.
Von der Gesellschaft für Pommersche Geschichte
  und Alterthumskunde, Neuvorpommersche Ab-
  theilung in Greifswald:
5887. Pyl, Th., Margaretha von Ravenna. Pommersches
  Lebensbild aus dem 15. Jahrh. Greifsw. 1865. 8.
5888. —, Das Rubenowbild der Nicolaikirche zu Greifswald.
  Ebd. 1863. 8.
5952. — Die Rubenow-Bibliothek. Ebd. 1865. 8.
Vom Vereine für hamburgische Geschichte zu
  Hamburg:
5897. Von den Arbeiten der Kunstgewerke des Mittelalters zu
  Hamburg. Hamb. 1865. 4.
Von der Provinciaal Genootschap van
  Kunsten en Wetenschappen in Noordbrabant in Hertogenbosch:
5905. Hermans, C. R., Noordbrabants Oudheden.
  's Hertogenbosch 1865. 8.
Vom Vereine für Lübeckische Geschichte und
  Alterthumskunde in Lübeck:
3320. Urkundenbuch der Stadt Lübeck. III. Th. 4. Lief.
  Lübeck 1865. 4.
5904. Verzeichniß der Lübeckischen Kunstalterthümer. Lübeck
  1855. 8.
5904. Verzeichniß der Culturhistorischen Sammlung der Gesellschaft zur Beförderung gemeinnütziger Thätigkeit in Lübeck.
  Fortsetzung. Ebd. 1864. 8.

Von der Smithsonian Institution in Washington:

7613. Results of Meteorological Observations from the year 1854 to 59 incl. Vol. I. Part 1. Washington 1864. 4.

Vom Alstem. Leseverein in Bier:

5454. 3. Jahresbericht des Alstem. Lesevereins 1863—64. Bon. 8.

Vom Vereine für Nassauische Alterthumskunde und Geschichtsforschung in Wiesbaden:

5458. Deißmann, A., Geschichte des Benedictinerklosters Walsdorf. Wiesb. 1863. 8.

5914. Schalk, H., Münzsammlung des Vereins für nass. Alterthumsk. und Geschichtsforschung. Ebd. 1865. 8.

Vom Herrn Geh. Legationsrathe von Alten in Hannover:

19 St. Dissertationen philologischen, philosophischen Inhalts, den einzelnen Titeln nach oben unter dem Geschenke des K. Universit.-Curator. aufgeführt.

30 St. Dissertationen naturwissenschaftlichen Inhalts.

5726. Abermahliger Hertzhaffter Courrier ꝛc. in Affairen des Unsterblichen Luthers und Anderer Lutherischen Chartequen. Hildesh. 1699. 4.

27. Nachricht über den historischen Verein für Niedersachsen. Hann. 1864. 8.

Zeitschrift des historischen Vereins für Niedersachsen. Jahrg. 1862 u. 1863. Hann. 1863. 64. 8.

Vom Herrn Generalmajor von Bennigsen in Bennigsen:

5861. Mittheilungen aus Joachim Oppermanns Tagebuche (Sonntagsblatt zur Hildesh. A. Z. 1862 Nr. 22—51). 4.

5862. 14—21. Bericht über den Frauen-Verein für Armen- und Krankenpflege zu Hildesheim. Hildesh. 1857—63. 8.

5863. Bestimmungen über die Feuerpolizei ꝛc. für Hildesheim. Ebd. 1861. 8.

5864. Auszug aus dem Haushalts-Plane der Cämmerei-Casse der Stadt Hildesheim, 1858—64. Ebd. 1858—64. 4.

5865. Auszüge aus den Rechnungen über die Vermögens-Verwaltung der Stadt Hildesheim 1855—58; 60—62. Ebd. 1858—64. 4.

5866. Vorschläge in Betreff einer Veränderung des städtischen (Hildesheim.) Steuer-Systems. Ebd. 4.

5967. Adreßbuch der Stadt Hildesheim für das Jahr 1855. Ebd. 8.

5868. Verschiedenes, Stadt-Hildesheimische Einrichtungen betreffend. 4.

4594. Landes-Oeconomie-Gesetzgebung des Königreichs Hannover. Hann. 1843. 8.

5876. Johannis, G. Chr., Geschichte des Herzogthums Zweybrücken. Zweybr. 1825. 8.

4686. Meyer-Ordnung für das Fürstenthum Calenberg vom 12. May 1772. 4.
5880. Patent, die revidirten Statuten des Guelfen-Ordens betr. Hann. 1841. Fol.
5780a. Prospectus und Statuten der Leine-Deister-Eisenbahngesellschaft. Hann. 1856. 8.
5881. 8. Jahresbericht über das Rettungshaus zu Schladen, 1858—59. Goslar 1859. 8.
5884. Die Schlacht bei Hastenbeck (Südd. Zeit. 1864, Nr. 188—197. Nach Renouard). Fol.

Vom Herrn Gymnasiallehrer Dr. W. Crecelius in Elberfeld:

5859. Crecelius, W., Collectae ad augendam nominum propr. Saxon. et Fris. scientiam spectantes. I. Index honor. et redit. monaster. Werdin. et Helmonstad. Elberf. 1864. 8.

Vom Herrn Auctionator Frölich in Hannover:

5951. Blumenhagen, W., Unsrem Könige Wilhelm IV. am 21. August 1830 (Gedicht). Hann. ½ Bog. 4.

Vom Herrn Archivrath Dr. Grotefend in Hannover:

4297. 47. 48. 49. Jahresbericht der Bibelgesellschaft für das Königr. Hannover, 1862—1865. 4.
1145. Braunschweig-Lüneb. Verordnung von 1773. Fol.
5883. Willkommens-Worte (Gedicht), als ꝛc. Herr Carl Gustaff Wrangel ꝛc. zu Lauenburg beneventiret und Gastiret wurden A. 1666. Grünau 1666. 1 Folioblatt.
5651. Haushaltsplan der K. Residenzstadt Hannover für 1865. Hann. 1865. 4.
5906. Peinliche Halsgerichts-Ordnung Carls V. Nürnb. 1745. 8.
5907. Nathan Ben Saddi, Die Bücher der Chronica. derer Könige von Engelland beschrieben in der Sprach des Jüdischen Volcks. Nach dem Originale verdollm. 2. A. Franckf. und Leipz. 1744. 8.
5907. Abraham Ben Saddi, Chronica der Königin zu Ungarn und von der Schlacht bei Dettingen. Aus d. Orig. verdollm. durch Nathan Gans. Ebd. 1744. 8.

4130. Broennenberg, A., Sammlung zur hannoverisch-braunschweigischen Landesgeschichte. 2. Beitr. Verden 1863. 8.

5921. Havemann, W., Elisabeth, Herzogin von Braunschweig-Lüneburg, geborene Markgräfin von Brandenburg. Götting. 1839. 8.

5921a. Sammlung von Münz- und Medaillen-Abbildungen. Fol. und 8.

5923. Receß vom 11. Juli 1711 zwischen dem Domcap. und der Ritterschaft ꝛc. des Stifts Hildesheim. Fol.

5924. Dieckmann, A. C. E., Beiträge zur Kenntniß des Lyceum und anderer Lehranstalten in der Bergstadt Clausthal. Clausth. 1824. 8.

5813. 4. Jahresbericht der Diaconissen-Anstalt Henrietten-Stiftung in Hannover (1864). Hann. 1865. 8.

5926. Der Stadt Münden Gemeiner Bescheid ꝛc., wie sowol an den Ordentlichen als extraordinari Gerichtstagen zu procediren ꝛc. Götting. 1668. 4.

5934. Mémoire de l'Origine etc. de l'Association des Cercles anter. de l'Empire. O. O. 1711. 4.

5935. Information von der Bewantniß der jeh. Hildesheim. Sachen A. 1711. O. O. 1711. Fol.

5936. Gründliche Antwort auf die übel begründete ꝛc. facti speciem i. S. des Klosters ad S. Mich. binnen Hildesheim c. Bürgermeister und Raht daselbst. Hildesheim 1728. Fol.

5937. Examen der an Seiten des Dohm-Capituls zu Hildesheim distribuirten Remarquen über die braunschw.-lüneb. Facti speciem. Hann. 1711. Fol.

5941. Justi Lipsii opera T. I. II. Lugduni 1613. Fol.

5942. Scriptores Histor. Roman. T. 1. Livium complect. Ed. B. C. Haurisius. Heidelbergae 1743. Fol.

5943. Protokolle der Vorsynode des Königreichs Hannover. 1—53. Sitzung. Hann. 1863. 8.

5956. Kaiserliche Bestätigungs-Urkunde der Handels-Privilegien Quedlinburgs, 1662. 1 Foliobog.

Vom Herrn Stud. med. Grotefend in Göttingen:
5856a. Seütter, M., Neu inventierter Genealog. Stamm-Baum des 2c. Hauses Braunschw.-Lüneb. vorgestellet und und verfert. c. 1710. 1 Foliobog.

Von der Hahn'schen Hof-Buchhandlung in Hannover:
5841. Anlagen zur Kirchenvorstands- und Synodalordnung. Hann. 1865. 8.

Vom Herrn Oberrevisor Harseim in Hannover:
4 ältere Stadtpläne von Hannover, Harburg, Ratzeburg und Meppen. Fol.

Vom Herrn Stadtsecretär Jugler in Hannover:
5869. Jugler, A., Beiträge zur Geschichte der Stadt Hannover. Hann. 1865. 8.
5728. Neues hannov. Magazin. 1. Jahrg. 1863, Nr. 16—24. Hannover 4.

Vom Herrn Geheimen Justizrath von dem Kueseheck in Göttingen:
3644. Knesebeck, B. v. d., Regesten und Urkunden zur Geschichte des uradeligen Geschlechts der Herren v. d. Knesebeck. II—IX und Nachträge. Götting. 1864—65. 8.
3644. — Stammtafeln dazu. II. Ebd. 1864. 8.

Vom Herrn General-Schuldirektor Kohlrausch in Hannover:
179. Hof- und Staats-Handbuch für das Königr. Hannover auf d. J. 1863 und 1864. Hann. 8.

Vom Herrn W. Lotze in Münden:
5770. Lotze, W., Die Feier des 50jährigen Jubiläums des Münd. Bürger-Vereins, 19. Nov. 1865 (Mündensches Intelligenzbl. 1865 Nr. 94). Fol.
5771. — Vor 50 Jahren. III. (Mündensche Anzeigen 1864, Nr. 85). Fol.

Vom Herrn Dr. Mannhardt in Berlin:
5912. Mannhardt, W., Roggenwolf und Roggenhund. Beitrag zur german. Sittenkunde. Danzig 1865. 8.

Vom Herrn Pastor H. Müller in Hameln:
5727. Steckbrief hinter Hieronymus (Cassel den 30. Oct. 1813). Flieg. Blatt. 8.

Vom Herrn Oberlehrer Dr. A. Müller in Hannover:
5893. Verhandlungen der 23. Versammlung deutscher Philologen und Schulmänner in Hannover v. 27—30. Sept. 1864. Leipz. 1865. 4.

Vom Herrn Kriegsrath Oldekop in Hannover:
5902. Grefe, F. B., Leitfaden zum Studium des Hannov. Privatrechts. 1. 2. Th. Gött. 1833. 35. 8.

Vom Herrn Stadtarchiv-Secretär Dr. Roth in Frankfurt a. M.:
5946. Roth, Fr., Deutscher Kalender aus dem Anfange d. 15. Jahrh. (Abdr. aus dem Anzeiger für Kunde d. deutsch. Vorzeit). Nürnb. 1865. 4.

Vom Herrn Apotheker Schaper in Soltau:
747. Mushard, Luneberg, Monumenta Nobilitatis 2c. Denkmahl der Hochadelichen Geschlechter 2c. im Herzogthum Bremen und Verden. Bremen 1708. Fol.

Vom Herrn Oberlehrer Dr. Schiller in Schwerin:
5439. Schiller, K., Zum Thier- und Kräuterbuche des mecklenburgischen Volkes 1—3. H. Schwerin 1861. 64. 4.

Vom Herrn Senator Dr. Schläger in Hannover:
5871. Wochenberichte des Schleswig-Holsteinischen Vereins zu Erlangen vom 9. Juni 1864 bis 26. Jan. 1665. Erlangen. 4.
5646a. Zu den Wahlen. Hann. 1863. 8.
5922. Schießplan für das zweite deutsche Bundesschießen 1865 in Bremen. Nebst einer Anzahl Zeitungsblätter mit Berichten darüber. 8. und Fol.

Vom Herrn Lehrer Schlette in Hannover:
5894. Verzeichniß der von dem Auditor J. D. Möhlmann nachgelass. Bibliothek. Emd. 1865. 8.
5895. Gebhardt, L. A., Geschichte der Königreiche Dänemark und Norwegen. 1. 2. Th. Halle 1770. 71. 4.

5896. Toze, Geschichte der vereinigten Niederlande. 1. 2. Th. Halle 1770. 71. 4.
5332. Ordnung des Gottesdienstes bei der Feier der Jahresversammlung des evangelischen Vereins der Gustav-Adolf-Stiftung am 27—29. Aug. 1861 in Hannover. Hann. 8.
5917. Koch, Chr. W., Genealog. Tabellen der vornehmsten Fürstenhäuser. Berl. 1808. 8.
5918. Juncker, Chr., Das Güldene und Silberne Ehren-Gedächtniß ꝛc. D. Martini Lutheri. Frankfurt und Leipzig 1706. 8.
4177. Jahresbericht der höhern Bürgerschule zu Hannover für 1851, 59, 65. Hann. 8.
4177a. 1. 3. 4. Bericht über die Mittelschule zu Hannover. 1855. 59. 65. Hann. 8.
4177b. Die Stadttöchterschule zu Hannover. Ostern 1853 bis Ostern 1855. Hann. 1855. 8.
5920. Waagen, G. F., Verzeichniß der Gemälde-Sammlung des K. Museums zu Berlin. Berl. 1845. 8.
5927. Allgemeine Welthistorie. 19—27. Th. Historie der mittleren Zeiten 1—9. Th. Halle 1759—64. 4.

Vom Herrn Dr. G. Schmidt in Göttingen:
5860. Zur Soester Fehde. Drabanten togen vor Sost. O. O. und J. 8.

Vom Herrn Lohndiener Schöne in Hannover:
5890. Eine Anzahl Regierungsschreiben an die allgemeinen Stände des Königr. Hannover. 4.
5898. Das deutsche Turnen in den Volksschulen. Denkschrift der ostfriesischen Turnerschaft. Emd. 1864. 8.
5898. Die Bremer Presse und der Auswanderer-Tarif auf der Bremen-Geeste-Bahn. Geestemünde 1864. 8.
5900. Die hannov. zweite Cammer am 30. April 1864 und das englische Blaubuch. 2. A. Hann. 1864. 8.
5901. Die Arbeiter-Vereine des Königreichs Hannover. Hann. 1864. 8.

5909. Programm der Grundsteinlegung der Christuskirche in Hannover am 21. Sept. 1859. ½ Bog. 4.

Vom Herrn Kreisgerichtsrath Seiberß in Arnsberg:

5258. Seiberß, J. S., Landes- und Rechtsgeschichte des Herzogthums Westfalen. 3. Bd. Arnsb. 1864. 8.

Vom Herrn Hilmar von Strombeck in Wolfenbüttel:

5892. Strombeck, H. v., Stammtafel von den letzten Generationen der Familie der edlen Herren zu Warberg. Handschrift. 1 Bog. 4.

Vom Herrn Professor Ubbelohde in Göttingen:

Ubbelohde, W., Über die Verbesserung des Münzwesens ꝛc. Handschr. 1829. Fol.

— Über das Eindringen geringhaltiger Münzen in das Königreich Hannover. Handschrift. 1825. Fol.

Vom Herrn Professor Dr. Wachsmuth in Leipzig:

5877. Wuttke, H., Abhandlung über die Gewißheit der Geschichte. Leipz. 1865. 4.

Vom Herrn Wachslichtfabrikanten Wedekind in Hannover:

5727. Eine Anzahl hannov. Theaterzettel aus d. J. 1808 und einige Curiosa. Fol.

5857. Die Hannoverschen Aerzte 1760—80. Handschriftl. Gedicht. 4.

Allen verehrten Herren, welche durch die vorstehend verzeichneten Geschenke ihr Interesse an den Bestrebungen unseres Vereins bethätigt haben, sprechen wir an diesem Orte abermals unsern verbindlichsten Dank aus; sowie wir auch nicht unterlassen wollen, unsere schon oft ausgesprochene Bitte hier abermals in Erinnerung zu bringen, nämlich uns in jedem einzelnen Falle so rasch als möglich und auf das Ausführlichste mittheilen zu wollen,

1) wenn ein interessantes Denkmal der Vorzeit Gefahr laufen sollte, beschädigt oder vernichtet zu werden;

2) wenn kleinere oder größere Sammlungen vaterländischer Alterthümer zu Verkauf stehen;
   oder
3) wenn merkwürdige Gegenstände der heidnischen oder christlichen Vorzeit irgend welcher Art aufgefunden sein sollten.

Gleichfalls richten wir an alle unsere geehrten Mitglieder das bringende Ersuchen, in ihren Kreisen für Erhaltung interessanter Denkmäler der Vorzeit auf jede Weise thätig sein zu wollen, und dahin zu wirken, daß solche Gegenstände, die Gefahr laufen, vernichtet zu werden, und doch nicht grade durch Wegnahme von ihrem Orte ihr eigenthümliches Interesse verlieren, wenn irgend thunlich zur Aufbewahrung hieher gesandt werden. Daß der Ausschuß jeder Zeit bereit ist, die durch Porto, Botenlohn, Emballage ic. entstandenen Kosten zu ersetzen, ist wohl hinlänglich bekannt und bedarf kaum einer besondern Wiederholung.

Literarische Unternehmungen. Im verflossenen Jahre ist mit der Publication der Vereinszeitschrift in regelmäßiger Weise fortgefahren worden, und gelangte im Laufe des Sommers der Jahrgang 1864 zur Versendung an diejenigen Mitglieder, welche den Beitrag von 1½ ℳ zahlen. So eben ist der Jahrgang 1865 im Druck vollendet und wird in nächster Zeit ausgegeben werden. Der Jahrgang 1864 enthält folgende größere und kleinere Aufsätze:

I. Die wüsten Dörfer in dem Herzoglich Braunschweigischen Amtsgericht Vorsfelde und in den in dasselbe einwinkelnden beiden kleinen preußischen Enclaven Wolfsburg und Hehlingen. Von Hilmar von Strombeck zu Wolfenbüttel.

II. Arnold von Dorstadt und das Castrum Nonum. Vom Reichsfreiherrn J. Grote-Schauen zu Halberstadt.

III. Die Edelherren von Hohenbüchen. Vom Geh. Legationsrath von Alten.

IV. Die Kirche zu Meinersen. Vom Amtsrichter G. F. Fiedeler.

V. Berthold von Holle. Vom Archivrath Dr. E. L. Grotefend.

VI. Die Belagerung von Stade im Jahre 1632. Mitgetheilt vom Registrator Horstmann.
VII. Briefe und Aktenstücke zur ostfriesischen Succession im Jahre 1744. Aus dem ehemaligen Fürstl. Archive in Aurich mitgetheilt von Onno Klopp.
VIII. Soldatenbriefe aus dem Feldzuge des Jahres 1815. Mitgetheilt von Dr. R. Usinger in Göttingen.
IX. Vorchristliche Denkmäler der Landdrosteibezirke Lüneburg und Osnabrück im Königreich Hannover. Von Dr. J. H. Müller.
X. Inhaltsangabe der dem historischen Vereine für Niedersachsen überlieferten Beschreibungen vaterländischer Kirchen nebst Zubehör. (Fortsetzung.)
    IX. Lutherische Kirchen und Kapellen im Fürstenthum Hildesheim. Zusammengestellt vom Baurath Mithoff.
    X. Katholische Kirchen und Kapellen im Hildesheimschen Sprengel. Zusammengestellt vom weil. Oberlandbaumeister Vogell.
XI. Miscellen.
    1. Bronzefund zu Rehlingen. Vom Dr. J. H. Müller.
    2. Fund von Thongefäßen aus der vorchristlichen Zeit bei Beinerode, Amts Hannover. Von Dr. J. H. Müller.
    3. Münzfund zu Bingum. Vom Archivrath Dr. C. L. Grotefend.
    4. Funde von Alterthümern im Braunschweigischen. Von Hilmar von Strombeck in Wolfenbüttel.
    5. Burgstellen. Von Hilmar von Strombeck in Wolfenbüttel.
    6. Des Bischofs Adelog Verwandte. Vom Reichsfreiherrn J. Grote-Schauen in Halberstadt.
    7. Kloster Scharnebeck. Mitgetheilt vom Archivrath Grotefend.
    8. Lage der durch Herzog Otto den Strengen von Lüneburg zerstörten Hildesheimischen Burg Hude. Vom weil. Bürgermeister Buchholz in Bockenem.

9. Besitzungen der Merseburger Bischöfe um Scheppenstedt und in und um Hamersleben. Von Hilmar von Strombeck in Wolfenbüttel.
10. Nachtrag zur Abhandlung über die Edelherren von Hohenbüchen. Vom Geh. Legationsrath von Alten.
11. Druckfehler und Verbesserungen in dem Aufsatze: „Zur Archidiakonat-Eintheilung des vormaligen Bisthums Halberstadt" im Jahrg. 1862, und einige Zusätze zu demselben. Von Hilmar von Strombeck zu Wolfenbüttel.
12. Preisaufgabe der historischen Vereine zu Bremen, Hamburg, Hannover, Kiel und Stade.
13. Literarische Anzeigen.
14. Vaterländische Literatur des Jahres 1864. Zusammengestellt vom Dr. H. Guthe.
15. Verzeichniß der in der Sammlung des historischen Vereins für Niedersachsen befindlichen Original-Urkunden (Fortsetzung).

Der Jahrgang 1865 enthält folgende Aufsätze:
I. Die Pflanzenwelt Niedersachsens in ihren Beziehungen zur Götterlehre und dem Aberglauben der Vorfahren. Von Rudolf Brockhausen, Pastor in Horn bei Detmold.
II. Zur Genealogie und Geschichte des Billungischen Herzogshauses. Von Prof. Dr. O. v. Heinemann in Bernburg.
III. Schloß Thedinghausen und sein Gebiet. Vom Geh. Regierungsrath von Ompteda.
IV. Historische Nachrichten über die Glocken im Dome zu Hildesheim. Von Dr. J. M. Kratz in Hildesheim.
V. Inhaltsangabe der dem historischen Vereine für Niedersachsen überlieferten Beschreibungen vaterländischer Kirchen nebst Zubehör. (Fortsetzung.)
   XI. Lutherische Kirchen und Kapellen im Fürstenth. Ostfriesland. Zusammengestellt von weil. Oberlandbaumeister Vogell.

XII. Reformirte Kirchen im Fürstenth. Ostfriesland. Zusammengestellt von demselben.

XIII. Kirchen der Mennoniten im Fürstenth. Ostfriesland. Zusammengestellt von demselben.

VI. Miscellen.

Vaterländische Literatur des Jahres 1865. Zusammengestellt von H. Guthe, Dr.

Die älteren Jahrgänge der regelmäßigen Vereinspublicationen betreffend, verbleibt es bei den früheren Bestimmungen, denen zufolge

1) den Vereinsmitgliedern die Jahrgänge des „Archivs des historischen Vereins für Niedersachsen" von 1845 bis 1849 einschließlich, der Jahrgang zu 22½ gr, die Jahrgänge der „Zeitschrift des historischen Vereins" von 1850 bis 1856 einschließlich, der Jahrgang zu 1 ℳ, einzelne Doppelhefte zum halben Preise, soweit der Vorrath reicht, beim Vereine abgelassen werden sollen, sowie

2) alle hierauf bezüglichen Anträge an den Vereinsschatzmeister Oberschulsecretär Dr. Petersen hieselbst zu richten sind.

Die Redactionscommission besteht wie in den Vorjahren aus den Herren Archivar Dr. Schaumann, Archivrath Dr. Grotefend und Archivrath Dr. Onno Klopp; an einen dieser Herren direct, oder an den Ausschuß sind die zur Aufnahme bestimmten Beiträge, für welche auf Verlangen ein angemessenes Honorar bezahlt wird, zu adressiren. *Redactionscommission.*

Bereits in der vorigen Nachricht konnten wir berichten, daß der Ausschuß im Begriff stehe, eine neue Reihe von Publicationen, welche die systematische Verarbeitung der dem historischen Vereine eingesandten Beschreibungen der Gottesdienstlichen Gebäude des Königreichs zum Gegenstande habe, zu beginnen. Diesmal sind wir in der angenehmen Lage, die Vollendung des ersten Heftes anzeigen zu können. Dasselbe ist unter dem Titel: „Kirchen und Kapellen im Königreiche Hannover, Nachrichten über deren Stiftung, Bauart, Geräthe, Kunstschätze und Alterthümer, zusammengestellt von H. W. Mithoff. Herausgegeben vom historischen Vereine für Niedersachsen. Erstes Heft: Gotteshäuser *Kirchen und Kapellen im Königreich Hannover.*

im Fürstenthume Hildesheim", in Quart mit 5 lithographirten Tafeln im verflossenen Jahre erschienen. Wir geben dasselbe unsern verehrlichen Mitgliedern zum Preise von 1 ℳ ab, während der Ladenpreis 1 ℳ 22½ ₰ beträgt. Um nun die Anschaffung dieses für die Geistlichkeit im Allgemeinen, besonders für die des Fürstenthums Hildesheim beider Confessionen, in hohem Grade interessante Werk den Herren Geistlichen zu erleichtern, hat der Ausschuß dem Königl. Consistorium zu Hannover und dem bischöfl. Generalvikariat zu Hildesheim das Anerbieten gemacht, den Herren Geistlichen der betreffenden Verwaltungsbezirke, sowie den Kirchenärarien, das Exemplar ebenfalls für 1 ℳ abzulassen, falls die Bestellung direct beim Vereine gemacht werde. Beide Behörden sind bereitwilligst auf unsern Vorschlag eingegangen und haben sofort in geeigneter Weise den Herren Geistlichen davon Kenntniß gegeben, was wir hier mit dem Bemerken hervorheben, daß unsere Bestrebungen, das Werk und damit das Interesse für kirchliche Kunst zu verbreiten, nicht ohne den gewünschten Ersatz geblieben sind. Herr Baurath Mithoff hat jetzt bereits die Kirchen und Kapellen des Fürstenthums Calenberg in gleicher Weise bearbeitet und zum Druck vorbereitet. Es hängt lediglich von der Finanzlage des Vereins ab, wann mit der Herausgabe fortgefahren werden kann.

Urkundenbuch. Auch auf die Fortsetzung unseres Urkundenbuchs ist im Berichtsjahre Bedacht genommen, und zwar wird das siebente Heft desselben die Urkunden des Klosters Isenhagen enthalten. Mit der Bearbeitung ist der Herr Bibliotheksecretär Dr. Bötter beschäftigt. Die Herausgabe ist durch die dankenswerthe Bewilligung einer Beihülfe von 100 ℳ von Seiten des landschaftlichen Collegiums des Fürstenthums Lüneburg ermöglicht.

Ältere Jahrgänge des Archivs. Die Jahrgänge des „Vaterländischen Archivs des historischen Vereins für Niedersachsen" anlangend, möge hier noch bemerkt werden, daß der Ausschuß beschlossen hat, den Jahrgang 1844, von dem nur äußerst wenige Exemplare noch vorhanden sind, nur dann abzugeben, wenn 10 ältere Jahrgänge zu gleicher Zeit gekauft werden.

Der Grund, weshalb gerade die Vorräthe dieses Heftes so sehr erschöpft sind, liegt darin, daß in demselben das Hannoversche Stadtrecht abgedruckt ist.

Gleichwie der Verein in dem oben bezeichneten Unternehmen der Herausgabe der Kirchenbeschreibungen das ihm von andrer Seite gelieferte Material für die Wissenschaft fruchtbar zu machen bestrebt ist, so hat sich im Berichtsjahre Gelegenheit für ihn gefunden, seinerseits Material für eine größere wissenschaftliche Arbeit zu sammeln und zur Verarbeitung abzugeben. Herr Dr. Mannhardt in Danzig, bekannt durch seine Arbeiten für die deutsche Mythologie, beabsichtigt nämlich, ein größeres Werk über die in den verschiedenen Gauen Deutschlands beim Ackerbau geltenden Gebräuche herauszugeben, und hat zu diesem Zwecke einen Fragebogen, der zwischen 30 und 40 einzelne Punkte berührt, in einer außerordentlich großen Anzahl über ganz Deutschland verbreitet. Da auch an den Ausschuß einige derselben gelangt waren, so veranlaßte dieser eine Anzahl geeigneter Mitglieder, ihre Erfahrungen und Beobachtungen im Anschluß an die gestellten Fragen — aufzuzeichnen und hieher einzusenden. Dies ist von den meisten der darum angegangenen Herren mit der größten Bereitwilligkeit geschehen, und hat je nach den örtlichen Verhältnissen eine größere oder geringere Ausbeute gewährt. Wir sagen den betreffenden Herren hiedurch unsern verbindlichsten Dank und bemerken dabei, daß das sämmtliche Material vor kurzer Zeit an den Dr. Mannhardt abgesandt worden ist.

In ähnlicher Weise werden wir in nächster Zeit die Bereitwilligkeit unserer Mitglieder für einen andern Zweck in Anspruch nehmen. Se. Excellenz, der Herr Staatsminister von Hodenberg hat nämlich, veranlaßt durch die auf dem niederländischen sprachwissenschaftlichen Congreß zu Rotterdam im vorigen Herbste beliebte Niedersetzung einer Commission für die Erforschung der niederländischen Dialecte, den Ausschuß des historischen Vereins bewogen, sein Augenmerk auf die noch bestehenden Unterschiede der in dem niedersächsischen Kreise gesprochenen plattdeutschen Dialekte zu richten, und wo möglich durch die Vereinsmitglieder eine Aufzeichnung der wesentlichsten Unterschiede in Wortformen,

Wortvorrath und Aussprache zu veranlassen. Sollte eine solche gelingen, so würde man offenbar zu neuen Aufschlüssen über die Stammesunterschiede der niedersächsischen Bevölkerung gelangen, da ja die Sprache das sicherste und sich am längsten haltende Kennzeichen derselben ist. Ein wesentliches Hülfsmittel zur Erreichung dieses Zweckes wird aber von der genauen Aufzeichnung und Sichtung der Ortsnamen im weitesten Sinne des Wortes (also auch Namen der Fluren, Forstorte, einzelner Bäume u. s. w.) zu erwarten sein, weshalb auch Herr von Hodenberg die Erforschung der Ortsnamen ebenfalls anempfohlen hat. Der Ausschuß hat die Wichtigkeit der Aufgabe anerkannt, und in der Überzeugung, daß sich in dem Bestreben zur Lösung derselben ein fruchtbares Feld für die Thätigkeit des Vereins öffne, zunächst eine Commission, bestehend aus den Herren Landdrost v. Hammerstein, Archivrath Grotefend und Oberlehrer Dr. Müller, niedergesetzt, deren nächste Thätigkeit darauf gerichtet sein mußte, einen Fachmann zu finden, der zur Aufstellung von Instructionen für die einzelnen Sammler geneigt sei. Es ist der Commission nun gelungen, den Herrn Professor Wilhelm Müller zu Göttingen, der zugleich Mitglied jener in Rotterdam niedergesetzten Commission ist, zur Übernahme dieser schwierigen, weil große Detailkenntniß und umsichtige Beurtheilung der zu Gebote stehenden Arbeitskräfte verlangenden, Arbeit zu bewegen, und sieht dieselbe in nächster Zeit der Vollendung der Instructionen entgegen. Sodann wird sie sich an geeignete Vereinsmitglieder in den verschiedenen Gegenden des niedersächsischen Kreises mit der Bitte wenden müssen, nach Maßgabe der ihnen zuzustellenden Instruction die Arbeit in ihrem Kreise freundlichst beginnen zu wollen. Wir wollen nicht unterlassen, den verehrten Mitgliedern hiedurch diese für die Geschichtswissenschaft in hohem Maße wichtige Angelegenheit auf das wärmste zu empfehlen.

Beziehungen des Vereins nach Außen. Noch ist zu bemerken, daß auf die Empfehlung des Ausschusses eine nicht unerhebliche Anzahl hiesiger Vereinsmitglieder zum Behuf der Ausschmückung der Fronte unseres Museumsgebäudes mit Statuen bereitwilligst Beiträge gezeichnet haben.

Indem wir dafür unsern Dank abstatten, fügen wir hinzu, daß die Summe dem Comité für die Ausschmückung des Museums eingehändigt worden ist. Sodann ist im Berichtsjahr die Wanderbibliothek der Arbeitervereine durch Überlassung geeigneter Doubletten der Vereinsbibliothek unterstützt worden. Ferner haben wir der Versammlung der deutschen Naturforscher und Ärzte, welche im verflossenen Herbste hier tagte, mehrere Tage freien Eintritt in unsere Sammlungen gestattet.

Die Zahl der durch Schriftentausch mit dem historischen Vereine verbundenen gelehrten Körperschaften hat sich im Berichtsjahre um eine vermehrt, indem die **Gesellschaft für Landeskunde von Niederösterreich zu Wien** hinzugekommen ist; wir beziehen demnach die Publicationen von 90 Körperschaften, 66 deutschen und 24 ausländischen, wie sie in der Anlage C. im Einzelnen nachgewiesen sind. Ohne Gegenleistungen senden wir unsere Zeitschrift dem **Akademischen Leseverein zu Wien** und der **Lesehalle der deutschen Studenten zu Prag** regelmäßig zu. Dahingegen müssen wir es um so mehr mit Dank erwähnen, daß wir von der Königl. Societät der Wissenschaften zu Göttingen die Göttinger Gelehrten Anzeigen ohne Gegenleistung erhalten, als diese werthvolle Zeitschrift nicht mehr im Verlag der Societät erscheint, sondern ein rein buchhändlerisches Unternehmen geworden ist.
Verbundene Körperschaften.

Die Generalversammlung des Gesammtvereins der Deutschen Geschichts- und Alterthumsvereine ist im Berichtsjahre zu Halberstadt abgehalten und von hier aus durch den Vereins-Deputirten, Herrn Geheimen Regierungsrath **von Ompteda** besucht worden. Die Geschäftsleitung ist bei dem **Alterthumsforschenden Vereine des Osterlandes zu Altenburg** geblieben.
Gesammtverein.

Die Lokalagentur zum Vertrieb des Correspondenzblattes wird vom Herrn Antiquar **Flügge** hieselbst fortgeführt, und ist von demselben der Jahrgang zum Preise von 1 ℳ, abgesehen von einem unbedeutenden Zuschlag für Porto, zu beziehen.
Vertrieb des Correspondenzblattes.

Indem wir hiemit den Bericht über das Jahr 1865 schließen, hoffen wir, daß sämmtliche verehrte Mitglieder dem Geschäftsführenden Ausschusse nach wie vor ihr schätzbares Vertrauen schenken, und seine Bestrebungen zur Förderung der Vereinszwecke durch ihre gefällige Mitwirkung unterstützen wollen.

Anlage A.

Auszug
aus der

Rechnung des historischen Vereins für Niedersachsen vom Jahre 1865.

I. Einnahme.

		ℳ	gr	₰
Tit. I.	Überschuß aus letzter Rechnung.	202	—	6
„ II.	Erstattungen aus den Revisionsbemerkungen	1	—	—
„ III.	Rückstände aus Vorjahren	—	—	—
„ IV.	Jahresbeiträge der Mitglieder	593	15	—
„ V.	Ertrag von den Publicationen	179	23	1
„ VI.	Außerordentliche Zuschüsse	601	21	4
„ VII.	Erstattete Vorschüsse und Insgemein	12	19	—
	Summa aller Einnahmen:	1590	19	1

II. Ausgabe.

		ℳ	gr	₰
Tit. I.	Vorschuß aus letzter Rechnung	—	—	—
„ II.	Ausgleichungen aus den Revisionsbemerkungen	—	—	—
„ III.	Nicht eingegangene Beiträge	—	—	—
„ IV.	Büreaukosten:	ℳ	gr	₰
	1) 2) Remunerationen	204	17	—
	3) Localmiethe	278	22	5
	4) Feuerung und Licht	12	6	—
	5) Für Reinhalten der Locale, kleine Reparaturen und Utensilien	20	15	5
	Latus..	516	1	—

| | Transport... | 516 ♃ | 1 gr | — ♃ | — ♃ | — gr | — ♃ |

6) Für Schreibmaterialien
Copialien, Porto, Inserate und Druckkosten 113 „ 18 „ — „
————————— 629 „ 19 „ — „
Tit. V. Behuf wissenschaftlicher Preisaufgaben 34 „ 10 „ — „
„ VI. Behuf der Sammlungen ♃ gr ♃
  1) Behuf der Alterthümer .. 59 25 5
  2) „ „ Bücher und Documente 97 28 6
————————— 157 „ 24 „ 1 „
„ VII. Behuf der Publicationen .... 595 „ 11 „ 6 „
„ VIII. Außerordentliche Ausgaben und Insgemein.................... 7 „ 12 „ — „

        Summe aller Ausgaben.. 1424 ♃ 16 gr 7 ♃

Bilance.

    Die Einnahme beträgt........ 1590 ♃ 19 gr 1 ♃
    Die Ausgabe dagegen .... 1424 „ 16 „ 7 „

Mithin bleibt ult. Decbr. 1865 ein
        Überschuß von .... 166 ♃ 2 gr 4 ♃

Hannover, den 1. April 1866.

                A. Petersen, Dr.,
            als zeitiger Schatzmeister.

Anlage B.

Auszug
aus der
Rechnung des Lesecirkels des historischen Vereins für Niedersachsen vom Jahre 1865.

Einnahme:

Überschuß aus der vorjährigen Rechnung..	5 ℳ	1 gr	8 ₰
Jahresbeiträge von 33 Mitgliedern.......	33 „	— „	— „
Summa....	38 ℳ	1 gr	8 ₰

Ausgaben:

Buchhändlerrechnung	9 ℳ	25 gr	— ₰
Für den Boten ....:	18 „	— „	— „
Buchbinderrechnung von Januar bis Juni..	2 „	4 „	— „
Desgleichen von Juli bis December......	2 „	13 „	7 „
Summa....	32 ℳ	12 gr	7 ₰

Bilance.

Einnahme........	38 ℳ	1 gr	8 ₰
Ausgaben........	32 „	12 „	7 „
Bleibt in Cassa	5 ℳ	19 gr	1 ₰

Hannover, April 1866.

C. L. Grotefend.

Anlage C.

Verzeichniß

der

gelehrten Gesellschaften, mit welchen der historische Verein für Niedersachsen in Verbindung und Austausch der Vereinsschriften steht.

1. Gesammtverein der deutschen Geschichts- und Alterthumsvereine, jetzt zu Altenburg.
2. Alterthumsforschender Verein des Osterlandes, zu Altenburg.
3. Société des Antiquaires des la Picardie, zu Amiens.
4. Historischer Verein für Mittelfranken, zu Ansbach.
5. Académie d'Archéologie de Belgique, zu Antwerpen.
6. Provinziaal Museum van Oudheden in de Provincie Drenthe, zu Assen.
7. Historischer Verein für Schwaben und Neuburg, zu Augsburg.
8. Historischer Verein für Oberfranken, zu Bamberg.
9. Historische Gesellschaft, zu Basel.
10. Historischer Verein für Oberfranken, zu Bayreuth.
11. Société de l'Histoire et des Beaux-Arts de la Flandre maritime, zu Bergen.
12. Verein für Geschichte der Mark Brandenburg, zu Berlin.
13. Verein von Alterthumsfreunden im Rheinlande, zu Bonn.

14. Abtheilung des Künstlervereins für Bremische Geschichte und Alterthümer, zu Bremen.
15. Schlesische Gesellschaft für vaterländische Cultur, zu Breslau.
16. Verein für Geschichte und Alterthum Schlesiens, zu Breslau.
17. K. K. mährisch-schlesische Gesellschaft des Ackerbaues, der Natur- und Landeskunde, zu Brünn.
18. Commission royale d'Histoire, zu Brüssel.
19. Société de la Numismatique belge, zu Brüssel.
20. Historischer Verein der Fürstenthümer Waldeck und Pyrmont, zu Corbach.
21. Historischer Verein für das Großherzogthum Hessen, zu Darmstadt.
22. Gelehrte esthnische Gesellschaft, zu Dorpat.
23. Königlich sächsischer Verein zur Erforschung und Erhaltung vaterländischer Geschichts- und Kunst-Denkmale, zu Dresden.
24. Bergischer Geschichtsverein, zu Elberfeld.
25. Verein für Geschichte und Alterthumskunde, zu Frankfurt a. M.
26. Freiberger Alterthumsverein, zu Freiberg in Sachsen.
27. Historischer Verein, zu St. Gallen.
28. Comité central de Publication des Inscriptions funéraires et monumentales de la Flandre orientale, zu Gent.
29. Société royale des Beaux-Arts et de la Littérature, zu Gent.
30. Oberlausitzische Gesellschaft der Wissenschaften, zu Görlitz.
31. Historischer Verein für Steiermark, zu Gratz.
32. Thüringisch-sächsischer Verein zur Erforschung des vaterländischen Alterthums und Erhaltung seiner Denkmale, zu Halle.
33. Verein für hamburgische Geschichte, zu Hamburg.
34. Bezirksverein für hessische Geschichte und Landeskunde, zu Hanau.
35. Verein für siebenbürgische Landeskunde, zu Hermannstadt.
36. Provinciaal Genootschap van Kunsten en Wetenschappen in Noordbrabant, zu Hertogenbosch.
37. Voigtländischer alterthumsforschender Verein, zu Hohenleuben.

38. Verein für thüringische Geschichte und Alterthumskunde, zu Jena.
39. Ferdinandeum für Tirol und Vorarlberg, zu Innsbruck.
40. Verein für hessische Geschichte, zu Kassel.
41. Schleswig-holstein-lauenburgische Gesellschaft für die Sammlung und Erhaltung vaterländischer Alterthümer, zu Kiel.
42. Historischer Verein für den Niederrhein, zu Köln.
43. Königliche Gesellschaft für nordische Alterthumskunde, zu Kopenhagen.
44. Historischer Verein für Krain, zu Laibach.
45. Historischer Verein für Niederbayern, zu Landshut.
46. Genootschap van Geschied-, Oudheid- en Taalkunde, zu Leeuwarden.
47. Maatschappij der Nederlandsche Letterkunde, zu Leiden.
48. Archaeological Institute of Great Britain and Ireland, zu London.
49. Society of Antiquaries, zu London.
50. Verein für lübeckische Geschichte und Alterthumskunde, zu Lübeck.
51. Historischer Verein der fünf Orte: Lucern, Uri, Schwyz, Unterwalden und Zug, zu Lucern.
52. Alterthumsverein, zu Lüneburg.
53. Institut archéologique Liégeois, zu Lüttich.
54. Gesellschaft für Aufsuchung und Erhaltung geschichtlicher Denkmäler im Großherzogthum Luxemburg, zu Luxemburg.
55. Verein zur Erforschung der rheinischen Geschichte und Alterthümer, zu Mainz.
56. Hennebergischer alterthumsforschender Verein, zu Meiningen.
57. Historischer Verein für das würtembergische Franken, zu Mergentheim.
58. Historischer Verein von und für Oberbayern, zu München.
59. Königliche Akademie der Wissenschaften, zu München.
60. Verein für die Geschichte und Alterthumskunde Westfalens, zu Münster.
61. Société archéologique, zu Namur.

62. Germanisches Museum, zu Nürnberg.
63. Verein für Geschichte und Landeskunde, zu Osnabrück.
64. Verein für die Geschichte und Alterthumskunde Westfalens, zu Paderborn.
65. Institut historique de France, zu Paris.
66. Kaiserlich archäologisch-numismatische Gesellschaft, zu Petersburg.
67. Historische Section der Königlich böhmischen Gesellschaft der Wissenschaften, zu Prag.
68. Verein für Geschichte der Deutschen in Böhmen, zu Prag.
69. Historischer Verein für Oberpfalz und Regensburg, zu Regensburg.
70. Gesellschaft für Geschichte und Alterthumskunde der russischen Ostsee-Provinzen, zu Riga.
71. Carolino-Augusteum, zu Salzburg.
72. Gesellschaft für salzburger Landeskunde, zu Salzburg.
73. Altmärkischer Verein für vaterländische Geschichte und Industrie, zu Salzwedel.
74. Historisch-antiquarischer Verein, zu Schaffhausen.
75. Verein für Geschichte und Alterthumskunde Meklenburgs, zu Schwerin.
76. Historischer Verein der Pfalz, zu Speyer.
77. Verein für Geschichte und Alterthümer der Herzogthümer Bremen und Verden und des Landes Hadeln, zu Stade.
78. Gesellschaft für pommersche Geschichte und Alterthumskunde, zu Stettin.
79. Würtembergischer Alterthumsverein, zu Stuttgart.
80. Société scientifique et littéraire du Limbourg, zu Tongern.
81. Verein für Kunst und Alterthum in Ulm und Oberschwaben, zu Ulm.
82. Historische Genootschap, zu Utrecht.
83. Smithsonian Institution, zu Washington.
84. Kaiserliche Akademie der Wissenschaften, zu Wien.
85. K. K. Geographische Gesellschaft, zu Wien.

86. Verein für Landeskunde von Nieder-Österreich, zu Wien.
87. Verein für nassauische Alterthumskunde und Geschichtsforschung, zu Wiesbaden.
88. Historischer Verein für Unterfranken, zu Würzburg.
89. Gesellschaft für vaterländische Alterthumskunde, zu Zürich.
90. Allgemeine geschichtsforschende Gesellschaft für die Schweiz, zu Zürich.

II.
Verzeichniß
der
Vereinsmitglieder am 1. Januar 1866.

1. Protector.
Seine Majestät der König von Hannover.

2. Ehrenmitglieder.
Seine Königliche Hoheit der Herzog von Cambridge.

3. Correspondirende Mitglieder *).

Die Herren:
1. d'Ablaing van Gießenburg, Baron, Rath bei der Adels-Kammer im Haag.
2. Biondelli, B., Professor in Mailand.
3. v. Boineburg, Cammerherr und Major auf Lengesfeld bei Eisenach.
4. Buchinger, Dr., Hofrath und Reichs-Archiv-Adjunct in München.
5. de Buscher, Generalsecretair der Société royale des Beaux-Arts et de la Littérature in Gent.
6. Coremans, Dr., in Brüssel.

Die Herren:
7. Diegerick, Professor und Archivar in Antwerpen.
8. Föringer, Bibliothekar in München.
9. Gachard, General-Archivar der Belgischen Archive in Brüssel.
10. Gerhard, Dr., Geh. Regierungsrath und Professor, Mitglied der Königl. Akademie der Wissenschaften in Berlin.
11. Harland, Regierungssecretair in Minden.
12. van der Heyden, Secretair der Académie d'Archéologie in Antwerpen.

*) Diese haben mit den wirklichen Mitgliedern gleiche Rechte, sind jedoch zur Leistung von Jahresbeiträgen nicht verpflichtet.

Die Herren:
13. Janssen, L. J. F., Dr., Conservateur des Königl. Museums in Leyden.
14. de Kerckhove, Vicomte, Präsident der Académie d'Archéologie in Antwerpen.
15. Klaußner, Magistratsrath in München.
16. Klemm, Dr., Oberbibliothekar und Hofrath in Dresden.
17. v. Ledebur, Director des Museums vaterländischer Alterthümer in Berlin.
18. Leemanns, R., Dr., Director des Niederländischen Museums für Alterthümer in Leyden.
19. Leverkus, Dr., Geh. Archivrath in Oldenburg.
20. Lindenschmit, L., Dr., Conservator des Römisch-deutschen Central-Museums in Mainz.
21. Lisch, Dr., Archivrath in Schwerin.
22. van der Maelen, Director des geographischen Instituts in Brüssel.
23. Mayer, J., Esq., in Liverpool.
24. Müllenhof, Dr., Professor in Berlin.
25. Ramur, Dr., Professor in Luxemburg.
26. v. Pocci, Graf, Königl. Hof-Musik-Intendant in München.
27. Preusker, Rent-Amtmann in Großen-Hahn.

Die Herren:
28. Groen van Prinsterer, Staatsrath und Vorstand des Archivs im Haag.
29. Ranke, L., Professor in Berlin.
30. Rein, Dr., Director der Realschule zu Crefeld.
31. Riza-Rangabé, Minister a. D. in Athen.
32. de Robiano, M., Graf, Senator in Brüssel.
33. Roth, F., Dr., Archivsecretair in Frankfurt a. M.
34. Sack, Kreisgerichts-Registrator in Braunschweig.
35. Schläger, Dr. theol. et phil., Senior minist. in Hameln.
36. Seibertz, Dr. jur., Kreisgerichtsrath in Arnsberg.
37. Steiner, Dr., Hofrath in Seligenstadt, Großherzogthum Hessen.
38. v. Stillfried-Rattonitz, Graf, Oberceremonienmeister und wirklicher Geheime Rath in Berlin.
39. Süß, M. B., Director des vaterländischen Museums Carolino-Augusteum in Salzburg.
40. Talbot de Malahide, Lord, Präsident des Archaeological Institute in London.
41. Way, A., Esq. in London.
42. Wiggert, Director a. D., Professor in Magdeburg.
43. Worsaae, Professor in Kopenhagen.

4. Geschäftsführender Ausschuß.

a) in Hannover:

Die Herren:
1. Blumenbach, Hauptmann.
2. Domines, Obergerichtsrath.
3. Fiedeler, Amtsrichter.
4. Grotefend, Dr., Archivrath.
5. Hahn, F., Dr., Hof-Buchhändler.
6. Jugler, Oberbergrath.
7. Jugler, Stadtsecretär.
8. Klopp, Dr., Archivrath.

Die Herren:
9. Kohlrausch, Dr., General-Schuldirector.
10. Lichtenberg, Präsident des Landesconsistoriums.
11. Mithoff, Oberbaurath.
12. Müller, Dr., Oberlehrer.
13. Müller, Joh., Dr., Studienrath und Conservator des Welfen-Museums.
14. v. Ompteda, Geheimer Regierungsrath.

Die Herren:
15. Petersen, Dr., Oberschulsecretair.
16. von Ramdohr, Generallieutenant.
17. Schaumann, Dr., Staatsrath.

Die Herren:
18. v. Warnstedt, Dr., Geh. Regierungsrath und General-Secretair des Universitäts-Curatoriums.
19. v. Werlhof, Obergerichtsdirector.

b) außerhalb Hannover:

Die Herren:
1. v. Alten, Geh. Legationsrath in Petersburg.
2. Bärens, Dr., Schulrath in Kiel.
3. Braun, Landdrost in Stade.
4. Gödeke, K., Dr., Privatgelehrter in Göttingen.
5. Grote-Schauen, Reichsfreiherr und Erbschenk in Halberstadt.
6. v. Hammerstein-Loxten, Freiherr, Staatsminister a. D., Landdrost in Osnabrück.
7. Havemann, Dr., Professor in Göttingen.

Die Herren:
8. Jördens, Dr., Rector in Nienburg.
9. v. b. Knesebeck, Generalmajor, Königlich Hannoverscher bevollm. Minister und außerordentlicher Abgesandter in Wien.
10. v. Lenthe, Oberappellationsrath in Celle.
11. v. Münchhausen, Drost in Fallersleben.
12. Schädel, Dr., Rector in Ilfeld.
13. v. Schele, Freiherr, Landrath und Major auf Schelenburg.
14. v. Wangenheim, Freiherr, Kloster-Cammerdirector a. D. in Waake.

5. Wirkliche Mitglieder.

Die Herren:

Aurich.
1. Blohm, Ober-Landbaumeister.
2. Brenning, Amtsassessor.
3. Mühlenfeld, Obergerichts-Vicedirector.
4. Nieper, Landdrost.

Basse, Amts Neustadt a. R.
5. Ritterbusch, Pastor.

Bergen an der Dumme.
6. Busch, Apotheker.

Bersenbrück.
7. Buddenberg, Syndicus.

Bohmte.
8. v. d. Bussche-Ippenburg-Kessel, Graf.

Brakel.
9. v. Bocholtz-Asseburg, Graf.

Die Herren:

Braunschweig.
10. Aßmann, Professor.
11. Dürre, Dr., Oberlehrer.
12. v. Eschwege, Kreisgerichts-Assessor.
13. Hänselmann, Cand. phil.
14. Keuffer, Amtsrichter.
15. Magistrat, löblicher.
16. Steinmann, Kaufmann.
17. Westphal, Stadt-Archiv-Registrator.
18. Wilhelmy, Postsecretair.

Bremen.
19. Donandt, Dr., Senator.
20. Francke, Eisenbahn-Betriebs-Director.

Bückeburg.
21. v. Strauß, Archivar.

Die Herren:

Burgdorf.
22. v. Hodenberg, Freiherr, Oberamtmann.

Calenberg.
23. v. Ompteda, Ober-Amtsrichter.

Celle.
24. Brock, Gymnasial-Director.
25. v. d. Decken, Ober-Appellationsrath.
26. v. Düring, Ober-Appellationsrath.
27. Ebeling, Conrector.
28. Flöcher, Oberstlieutenant.
29. Hausmann, G., Apotheker.
30. Hugo, W., Commerzrath.
31. Hugues, Dr., Pastor.
32. Kielmansegge, Graf, Major.
33. v. Klencke, Oberstlieutenant.
34. v. d. Knesebeck, Landschafts-Director.
35. Köler, Dr. phil.
36. v. Lenthe, Ober-Appellationsrath.
37. Mangold, Obergerichtsanwalt.
38. Meyer I., Dr., Ober-Appellationsrath.
39. v. Rössing, Vicepräsident des Ober-Appellationsgerichts.
40. Rottmann, Bergcommissair.
41. v. Schlepegrell, Vicepräsident des Ober-Appellationsgerichts.
42. Schmidt, Ober-Appellationsrath.
43. Schwenke, Hauptmann.
44. v. Schwicheldt, Graf.
45. v. Spörken, Ober-Landstallmeister und General-Lieutenant.
46. Stölting, Amtmann.
47. v. Trampe, Ober-Appellationsrath.
48. Unger, Obergerichtsrath.
49. Wachsmuth, Dr., Ober-Appellationsrath.
50. v. d. Wense, Ober-Appellationsrath.

Dannenberg.
51. Windel, Senator.

Dassel.
52. Hinüber, Forstcandidat.

Die Herren:

Demern in Meklenburg-Schwerin.
53. Masch, Pastor, Archivrath.

Dorpat.
54. Meyer, L., Dr., Professor.

Einbeck.
55. Harland, Stiftskantor.

Fallersleben.
56. v. Münchhausen, Drost.

Frankfurt a. d. Oder.
57. Rudloff, Regierungsrath.

Freiburg im Kehdingschen.
58. v. d. Decken, Staatsminister a. D.

Gandersheim.
59. Brackebusch, Lehrer.

Geismar.
60. Sander, Pastor.

Gelliehausen.
61. v. Meder, Ober-Appellationsrath.

Goslar.
62. Agthe, Dr., Rector.
63. Buße, Dr., Amtsrichter.
64. v. Hammerstein, Rittmeister.
65. Stock, Eisenbahn-Ingenieur.

Göttingen.
66. v. d. Decken, Landes-Secretair.
67. Eberhardt, Dr., Bürgermeister.
68. Ehrenfeuchter, Dr. theol., Ober-Consistorialrath und Abt.
69. Frensdorf, Dr. Professor.
70. Gödeke, K., Dr., Privatgelehrter.
71. Havemann, Dr., Professor.
72. v. d. Knesebeck, Geh. Justizrath.
73. Kraut, Dr., Hofrath und Professor.
74. Kunze, Bibliothekssecretair.
75. Meier, Obergerichtsrath a. D.
76. Rieper, Obergerichts-Vicedirector.
77. Oeynhausen, Graf.
78. Rasch, Eisenbahn-Inspector.

Die Herren:

79. Rettig, Dr., General-Superintendent.
80. Sartorius v. Waltershausen, Freiherr, Dr., Professor.
81. Schmidt, Dr. phil., Conrector.
82. Waitz, Dr., Professor.
83. Wolf, Universitätsrath.
84. Wöhler, Dr., Ober-Medicinalrath und Professor.

Greifswald.
85. Usinger, Dr., Professor.

Halberstadt.
86. Grote-Schauen, Reichsfreiherr und Erbschenk.

Hameln.
87. Dammann, Dr.
88. Griesebach, Obergerichtsrath.
89. Theilkuhl, Rektor.

Hannover und Linden.
90. Ahrens, Dr., Gymnasial-Director.
91. Albrecht, General-Director.
92. v. Alten, Geheimrath, Präsident des Schatz- und Ober-Steuer-Collegiums.
93. v. Alten, Geheimer Legationsrath (z. Z. in Petersburg).
94. Andreae, Finanzrath.
95. Angerstein, Commerzrath.
96. Bacmeister, Staatsminister.
97. v. Bar, Geh. Finanzdirector u. Geh.-Rath.
98. v. Bar, Landdrost und Geh.Rath.
99. Bartels, Oberrevisor.
100. Bauermeister, Obergerichtsanwalt.
101. Baum, L. F., Sprachlehrer.
102. Beckmann, Hoffabrikant.
103. v. Bennigsen, Graf, Minist.-Vorst. a. D.
104. Benzinger, Hofschornsteinfeger.
105. Bergmann, Geh. Rath.
106. Bergmüller, Buchbinder.
107. Blumenbach, Hauptmann.
108. Blumenhagen, Hauptmann.
109. Bodemann, Rath.

Die Herren:

110. Bodecker, Generalcasse-Buchhalter.
111. Bödeker, Senior.
112. Boedeker, Consistorialrath.
113. Boelitz, Redacteur.
114. Bokelberg, Wegbaurath.
115. Böning, Rentier.
116. v. Bothmer, Amtsassessor.
117. Brandes, Dr., Ober-Medicinalrath.
118. v. Brandis, Freiherr, Staatsminister.
119. Brandis, Dr., Ober-Consistorialrath.
120. Brehmer, Medailleur.
121. v. Bremer, Graf.
122. Brüel, Geheimer Finanzrath.
123. Bünemann, Amtsrichter.
124. Buresch, Fr., Ingenieur.
125. v. d. Bussche-Münch, Oberschenk.
126. Callin, Schuldirector.
127. Cammann, Consistorialrath.
128. v. Campe, Cammerherr.
129. Capelle, Dr., Collaborator.
130. Caspary, Dr., Obergerichtsanwalt.
131. Cohen, Dr., Medicinalrath.
132. Cordemann, Oberstlieutenant.
133. v. Cramm, Freiherr, Amtsassessor.
134. Culemann, Senator.
135. Culemann, K., Particulier.
136. Deichmann, Dr., Oberlehrer.
137. Dempwolff, Dr., Landsyndicus.
138. Denecke, Obergerichtsrath.
139. Dieterichs, Ober-Amtmann.
140. Dommes, Obergerichtsrath.
141. Droste, Baurath.
142. Durlach, Baurath.
143. Dug, Antiquitätenhändler.
144. Dürr, Geh. Regierungsrath.
145. Eichwede, Commerzrath.
146. Einfeld, Kaufmann.
147. Fiedeler, Amtsrichter.
148. Fiedeler, Kornhändler.
149. Flügge, Ober-Finanzrath.
150. Frank, Beamter bei der Aach.-Münch. F.-Vers.-Anst.
151. Frankenfeld, Finanzrath.
152. Funk, Oberbaurath.
153. Gebser, General-Lieutenant.
154. Giere, Hof-Lithograph.

Die Herren:

155. Göhmann, Buchdrucker.
156. Goltermann, Dr., Obergerichts-Anwalt.
157. Grahn, Collaborator.
158. Gropp, Obergerichtsrath.
159. Grote, Freiherr, General-Lieutenant.
160. Grote, Obercommissair.
161. Grotefend, Dr., Archivrath.
162. Guthe, Dr.
163. Haase, Dr., Obergerichts-Anwalt.
164. Hagemann, Oberbaurath.
165. Hagemann, Regierungsrath.
166. Hahn, H. W., Ober-Commerz-Rath und Hof-Buchhändler.
167. Hahn, Fr., Dr. phil., Hof-Buchhändler.
168. Harseim, Ober-Revisor.
169. Hartmann, Dr., General-Director u. Geh.-Rath.
170. Hartmann, Major.
171. Hase, Baurath.
172. Hasje, Ober-Commissair.
173. Hausmann, Ober-Baurath.
174. Hausmann, Porcellan-Reparateur.
175. Hebbenhausen, Geheimer Cämmerier.
176. Heinemann, Herm., Banquier.
177. Heinemann, Julius, Banquier.
178. Hildebrand, Berg-Commissair, Senator.
179. v. Hodenberg, Freiherr, Staatsminister.
180. Hoffmann, Senator u. Kaufmann.
181. Homeyer, Dr., Sanitätsrath.
182. Horstmann, Obercontroleur.
183. Horstmann, Registrator.
184. v. Jacobi, General der Infanterie.
185. v. Jacobi, Hauptmann.
186. Jänecke, Chr., Hofbuchdrucker.
187. Jänecke, G. jun., Buchdrucker.
188. Jffland, Ober-Steuerrath.
189. Jlsen, Lotterie-Inspector.
190. Jugler, Oberbergrath.
191. Jugler, Stadtsecretair.
192. Kaufmann, Dr., Geh. Ober-Medicinalrath.
193. Kestner, Archivrath.
194. Klopp, O., Dr., Archivrath.
195. Knigge, Freiherr, Hof-Jägermeister.

Die Herren:

196. Kohlrausch, Dr., General-Schul-Director.
197. Koken, Ober-Commissair.
198. Krause, Dr., Geh. Obermedicinalrath.
199. Krieger, Rath.
200. Kriegk, Oberstlieutenant a. D.
201. Krüger, Ober-Baurath.
202. Kunhe, Maurermeister.
203. Lambrecht, Dr. phil.
204. Lameyer, Hof-Goldarbeiter.
205. v. Landesberg, Hauptmann a. D.
206. Lange, R., Hof-Maurermeister.
207. Lewing, Kaufmann.
208. Lichtenberg, Präsident des Landes-Consistoriums.
209. Liebsch, Ferd., Maler.
210. v. Linsingen, Oberst und Chef des Cadettencorps.
211. Lüders, Obergerichtsanwalt.
212. v. Malortie, Dr., Ober-Hofmarschall und Staatsminister.
213. Marbach, Obercommissair.
214. v. Meding, Kammerherr, Oberhofmeister Ihrer Majestät der Königin.
215. v. Meding, Hauptmann.
216. Mehlis, Geh. Regierungsrath.
217. Mertens, Dr., Schuldirector.
218. Meyer, A., Bankier.
219. Meyer, Ober-Castellan.
220. Meyer, Dr., Ober-Land-Rabbiner.
221. Meyer, Dr., Lehrer.
222. Meyer, Kriegscassirer.
223. Mierzinsky, Commerzrath und Hof-Buchhändler.
224. Mithoff, Ober-Baurath.
225. Mithoff, Geometer.
226. Molthan, Hofbaurath.
227. Mönkemeyer, Kaufmann.
228. Müller, Dr., Oberlehrer.
229. Müller, J., Dr., Studienrath und Conservator.
230. Müller, General-Lieutenant.
231. v. Münchhausen, Staatsminister a. D.
232. Rabert, Dr., Lehrer.
233. Niemeier, Geh. Kriegsrath.
234. Roltemeyer, Obergerichtsanwalt.
235. Nöldeke, Postrath.

Die Herren:

236. Nordmann, Maurermeister.
237. Oehlrich, Regierungsrath.
238. Oelzen, Maler.
239. Oesterley, Hofmaler und Professor.
240. Ohlendorf, Lehrer.
241. Ohlmeyer, Eisenbahn-Betriebs-Inspector.
242. Oldekop, Kriegsrath.
243. v. Ompteda, Geh. Regierungsrath.
244. v. Ompteda, Kammerherr.
245. Oppermann, Ober-Finanzrath.
246. Pabst, Ober-Studienrath.
247. Pabst, Studienrath, Hofmeister Sr. Königl. Hoheit des Kronprinzen.
248. Pape, Landbau-Inspector.
249. Petersen, Dr., Ober-Schul-Secretair.
250. Petzel, Rentier.
251. Pfannenschmid, Dr. phil.
252. Pohse, Privatgelehrter.
253. Polchau, Registrator.
254. Purgold, Lieutenant.
255. Rädeker, Ober-Revisor.
256. v. Rambohr, General-Lieutenant.
257. Rasch, Stadtdirector.
258. v. Reden, Ober-Jägermeister.
259. Reinecke, Feldpropst.
260. Rose, Advocat.
261. Richter, Ed., Fabrikant.
262. Rind, Kaufmann.
263. Röhrs, W., Kaufmann.
264. v. Rudloff, Obergerichtsrath.
265. Rudloff, Legationsrath.
266. Rudolph, Hof-Schirmfabrikant.
267. Rumann, Kammer-Director a. D.
268. Rümpler, Commerzrath, Buchhändler.
269. Rupstein, Dr. theol., Abt zu Loccum.
270. Rühlmann, Dr., Professor.
271. Schaumann, Dr., Staatsrath.
272. Schäfer, Buchdrucker.
273. Schläger, Dr., Senator.
274. Schlette, Lehrer.
275. Schlüter, P., Hof-Buchdrucker.
276. Schmalfuß, Schulrath.

Die Herren:

277. Schmidt, Dr., Oberstabsarzt.
278. Schomer, General-Major.
279. v. Schulte, A., Kammerherr.
280. v. Schwicheldt, Graf, Erbmarschall und Kammerherr.
281. v. Seebach, Geh. Finanzdirector.
282. Seelig, S., Kunsthändler.
283. Seweloh, Oberstlieutenant.
284. Sievers, Obergerichtssecretair.
285. Simon, Ober-Commerzrath.
286. Simon, Obergerichts-Anwalt.
287. Starcke, Regierungsrath.
288. v. Steinberg, Geh. Rath.
289. Steinmetz, Dr., Collaborator.
290. Stromeyer, Berg-Commissair.
291. Sturzkopf, Architect.
292. Teichmann, Rath.
293. Tellkampf, Dr., Director und Professor.
294. Thiemann, Ober-Commissair.
295. v. Tschirschnitz, General-Lieutenant.
296. v. Uslar-Gleichen, Freiherr Oberstlieutenant.
297. Utermöhlen, Commissair.
298. Wagener, Dr., Obergerichts-Anwalt.
299. Warnecke, Copiist.
300. v. Warnstedt, Dr., Geh. Regierungsrath und General-Secretair des Universitäts-Curatoriums.
301. Wedekind, Berghandlungs-Director.
302. Wehner, Capellmeister.
303. Wellhausen, Bürgervorsteher.
304. Wendt, Finanzrath.
305. v. d. Wense, A., Kammerherr.
306. v. Werlhof, Ober-Gerichts-Director.
307. Wessel, R., Weinhändler.
308. Westernacher, Rentier.
309. Wienecke, Zahl-Commissair.
310. Wiener, Dr., Oberlehrer.
311. Windthorst, Staatsminister a. D.
312. Witte, Obergerichts-Vice-Director.
313. Witting, Landbaumeister.
314. Wölffer, Obergerichts-Anwalt.
315. Wüstenfeld, Dr., Obergerichts-Anwalt.

Die Herren:

316. Ziehe, Dr., Medicinalrath.
317. Zum Bild, Schlossermeister.

Harburg.

318. Fischer, Eisenbahn-Ingenieur.
319. Hartung, Zollsupernumerär.
320. Loges, Wasserbau-Inspector.

Hildesheim.

321. v. Bennigsen, General-Major.
322. Flöcker, Obergerichts-Director.
323. Kratz, Dr., Privatgelehrter.
324. Meese, Commissair.
325. Pralle, Postmeister.
326. v. Rudloff, Regierungsrath.
327. Seiters, Dr., Domcapitular.
328. Tochtermann, Architekt.
329. Wermuth, Dr., Landdrost.

Hohenbostel, Amts Wennigsen.

330. Fromme, Pastor.

Hudemühlen.

331. Teusch, Administrator.

Iber bei Einbeck.

332. Schramm, Pastor.

Ilfeld.

333. Schädel, Dr., Rector.

Ilsenburg.

334. Botho zu Stolberg, Graf.

Kiel.

335. Bärens, Dr., Schulrath.

Kirchrode.

336. Böttcher, Pastor.

Die Herren:

Liegnitz in Schlesien.

337. v. Bültzingslöwen, Freiherr.

Liethe.

338. v. d. Bussche, Gutsbesitzer.

Loccum.

339. König, Prior des Klosters Loccum.

Lüneburg.

340. Fienemann, Pastor.
341. Hallett, Oberstlieutenant.
342. Meyer, Dr., Staatsminister a. D.
343. Niemann, Obergerichts-Vicedirector.
344. Wahlstab, B., Buchhändler.

Marburg.

345. Ubbelohde, Professor.

Meppen.

346. Frye, Obergerichtsrath.

Molzen.

347. Prelle, Pastor.

Moringen.

348. Stiller, Cantor.

Moskau.

349. Krahmer, Dr. phil.

Großen-Munzel.

350. v. Hugo, Gutsbesitzer.

Münden.

351. Retzmann, Dr., Bürgermeister.
352. Valett, Oberlehrer.

Die Herren:

Neustadt am Rübenberge.
353. Tappen, Amtsassessor, Bürgermeister.

Nienburg.
354. Gade, Lehrer.
355. Hausmann, Landbau-Inspector.
356. Jördens, Dr., Rector.
357. Weichelt, Buchdrucker.

Northeim.
358. Röhrs, L. C.
359. Rudolph, Lehrer.
360. Suadicani, Bürgermeister.
361. Bennigerholz, Rector.
362. Zoppa, Administrator.

Oldenburg.
363. v. Alten, Kammerherr.

Osnabrück.
364. v. Hammerstein-Loxten, Freiherr, Staatsminister a. D., Landdrost.
365. Miquél, Bürgermeister.
366. Stüve, Dr., Landrath, Bürgermeister a. D.
367. de Vaux, Oberstlieutenant.

Osterwald.
368. Stach, Finanzrath.

Oyle bei Nienburg.
369. v. Arenstorf, Gutsbesitzer.

Peine.
370. v. Krogh, Bürgermeister.
371. Soestmann, Amtsrichter.
372. v. d. Wense, Drost.

Preten, Amts Neuhaus i. L.
373. v. d. Decken, Kammerrath.

Die Herren:

Ringelheim.
374. v. d. Decken, Graf, Geheimer Rath.

Rostock.
375. Krause, Director.

Rotenburg.
376. Grahn, Wegbau-Inspector.

Schäferhof bei Nienburg.
377. Wigrebe, Oeconom.

Scharmbeck.
378. Schmand, Commerzrath.

Schelenburg.
379. v. Schele, Freiherr, Landrath und Major.

Sögeln bei Osnabrück.
380. v. Stolzenberg, Oberst.

Soltau.
381. Schaper, Apotheker.

Stade.
382. Braun, Landdrost.
383. v. Müller, Obergerichts-Director.
384. Sander, Dr., Collaborator.
385. v. Stolzenberg, Oberstlieutenant.

Stemmen.
386. Sturzkopf, B., Gutsbesitzer.

Stolzenau.
387. Niemeyer, Amtsrichter.

Die Herren:

Uchte.
388. Hoppenstedt, Amtmann.

Verden.
389. Brönnenberg, Dr., Steuer-Director.
390. v. Dachenhausen, General-Lieutenant.
391. Roscher, Geh. Ober-Regierungsrath.

Waake bei Göttingen.
392. v. Wangenheim, Freiherr, Kloster-Cammer-Director a. D.

Walsrode.
393. v. Reden, Auditor.

Westen.
394. Seidel, Pastor.

Westerbrock bei Eschershausen.
395. v. Grone, Gutsbesitzer.

Die Herren:

Wickershausen.
396. Weppen, Dr., Gutsbesitzer.

Wiebrechtshausen.
397. Berckefeld, Klostergutspächter.

Wien.
398. v. d. Knesebeck, Gen.-Major, Königl. Hannov. bevollm. Minister und außerordentl. Abgesandter.

Wißmannshof bei Münden.
399. Wißmann, Dr. phil.

Wolfenbüttel.
400. Bibliothek, Herzogliche.

Zeven.
401. Hinße, Dr., Advocat.

III.
Publicationen des Vereins.

Die mit einem Stern bezeichneten Druckfachen und Lithographieen sind, so weit der Vorrath reicht, zu den beigesetzten Preisen direct vom Vereine zu beziehen; jedoch sollen den Vereinsmitgliedern die Jahrgänge des „Archivs" zur Hälfte der nebenbemerkten Preise, die Jahrgänge 1850 bis 1856 der „Zeitschrift" dagegen der Jahrgang zu 1 ℳ abgelassen werden.

1. Programm und Statut des Vereins. 8.
2. 1—29. Nachricht über den Verein. 8.
3. Verzeichniß der Bibliothek des Vereins. 1856. 8. Vergriffen.
4. Vaterländisches Archiv. Bd. 1—5. 1819—1821. 8.
5. *Neues vaterländisches Archiv. Bd. 1—16. 1822—1829. 8. (Einzelne Hefte zu 5 gr) .... à 15 gr
6. *Dasselbe. Bd. 17—24. 1830—1833. 8. (Einzelne Hefte zu 5 gr) .... à 10 gr
7. *Vaterländisches Archiv des historischen Vereins für Niedersachsen. 1834—1841. 8. .... à 10 gr
8. *Dasselbe. 1842—1844. 8. .... à 20 gr
9. *Archiv des historischen Vereins für Niedersachsen. 1845 bis 1849. 8. (Einzelne Hefte zu 22 gr 5 ₰) à 1 ℳ 15 gr
10. *Zeitschrift des historischen Vereins für Niedersachsen. 1850—1858 ¹). 8. (Einzelne Hefte zu 22 gr 5 ₰) à 1 ℳ 15 gr
11. *Dieselbe. Jahrg. 1859. 8. .... 22 gr 5 ₰
12. *Dieselbe. Jahrg. 1860—1865. 8. .... à 1 ℳ 15 gr (Vollständige Exemplare des Archivs und der Zeitschrift von 1819—1864 können zu 36 ℳ abgegeben werden.)

---

¹) Der Jahrgang 1856 besteht aus Heft 1 u. 2 nebst Nachtrag zum 1. Hefte.

13. *Kirchen und Kapellen im Königreiche Hannover, Nachrichten über deren Stiftung ꝛc., zusammengestellt von H. W. H. Mithoff. Erstes Heft: Gotteshäuser im Fürstenthume Hildesheim. 1865. 4. .... 1 ℳ
14. *Das Staatsbudget und das Bedürfniß für Kunst und Wissenschaft im Königreich Hannover. 1866. 4. 7 gr 5 ₰
15. *Urkundenbuch des historischen Vereins für Niedersachsen. Heft 1. Urkunden der Bischöfe von Hildesheim. 1846. 8. 5 gr
Heft 2. Walkenrieder Urkundenbuch, Abth. 1. 1852. 8.
22 gr 5 ₰
Heft 3. Walkenrieder Urkundenbuch, Abth. 2. 1855. 8. 20 gr
Heft 4. Die Urkunden des Klosters Marienrode bis 1440 [1]). 1859. 8. .... 25 gr
Heft 5. Urkundenbuch der Stadt Hannover bis zum Jahre 1369. 1860. 8. .... 1 ℳ 15 gr
Heft 6. Urkundenbuch der Stadt Göttingen bis zum Jahre 1400. 1863. 8. .... 1 ℳ 6 gr
16. *Wächter, J. C., Statistik der im Königreiche Hannover vorhandenen heidnischen Denkmäler. (Mit 8 lithographirten Tafeln.) 1841. 8. .... 15 gr
17. *Grote, J., Reichsfreiherr zu Schauen. Urkundliche Beiträge zur Geschichte des Königreichs Hannover und Herzogthums Braunschweig von 1243 bis 1570. 8 [2]). 10 gr
18. *Heise, O., Die Freien im Amte Ilten. (Aus der Zeitschrift des Vereins, Jahrgang 1856, abgedruckt.) 8. 10 gr
19. *v. Hammerstein, Staatsminister. Die Besitzungen der Grafen von Schwerin am linken Elbufer und der Ursprung dieser Grafen. Nebst Nachtrag. Mit Karten und Abbildungen. (Aus der Zeitschrift des Vereins, Jahrgang 1857, abgedruckt.) 8. .... 20 gr
20. *Rudorff, Dr., Advokat. Das Amt Lauenstein. (Aus der Zeitschrift des Vereins, Jahrgang 1858, abgedruckt.) 8. 10 gr

---

[1]) Vierte Abth. des Calenberger Urkundenbuchs von W. v. Hodenberg.
[2]) Der Erlös dieser Schrift ist von dem Herrn Verfasser dem Vereine überwiesen worden.

21. *Meese, Landdrostei-Registrator. Politisch-statistische Schilderung der Verfassung und Verwaltung des vormaligen Fürstbischöflich-Hildesheimschen Amts Wohldenberg, wie solche um das Jahr 1800 war. (Aus der Zeitschrift des Vereins, Jahrgang 1861, abgedruckt.) Vergriffen. 8. 10 gr
22. *Brockhausen, Pastor. Die Pflanzenwelt Niedersachsens in ihren Beziehungen zur Götterlehre und dem Aberglauben der Vorfahren. (Aus der Zeitschrift des Vereins, Jahrgang 1865, abgedruckt.) 8................. 10 gr
23. *Portrait des Herzogs Georg von Braunschweig-Lüneburg. gr. Fol. .... 10 gr
24. *Portrait der Kurfürstin Sophie, nachmaliger Thronerbin von Großbritannien. Vergriffen. gr. Fol........ 10 gr
25. *Portrait des Kurprinzen Georg Ludwig, nachmaligen Königs Georg I. von Großbritannien. gr. Fol.... 10 gr
26. *Portrait der Kurprinzessin Sophie Dorothea, Gemahlin Georg Ludwigs. gr. Fol. Vergriffen.

Berichtigung.

Seite 8 ist durch ein Versehen der Tod des Conferenzraths Thomsen zu Kopenhagen nicht berücksichtigt. Die Zahl der correspondirenden Mitglieder beträgt daher nur 43, wie Seite 48 richtig angegeben ist.